U0105310

苏醒◎著

# 生命数字密码

总有一个数字掌控着你的命运！

*Numerology Node*

湖南文艺出版社
HUNAN LITERATURE AND ART PUBLISHING HOUSE

图书在版编目（CIP）数据

生命数字密码：总有一个数字掌控着你的命运/
苏醒著. —长沙：湖南文艺出版社，2011. 3
ISBN 978-7-5404-4777-9

Ⅰ. ①生…　Ⅱ. ①苏…　Ⅲ. ①人格心理学–通俗
读物　Ⅳ. ①B848-49

中国版本图书馆CIP数据核字（2010）第259025号

**上架建议：社科·心灵励志**

**生命数字密码：总有一个数字掌控着你的命运**

作　　者：苏　醒
出 版 人：刘清华
责任编辑：唐　明　张　璐
选题策划：博集天卷
策划编辑：潆　娜
特约编辑：耿金丽
营销编辑：布　狄　刘　迎
版式设计：风　筝
封面设计：张丽娜
出版发行：湖南文艺出版社
　　　　　（长沙市雨花区东二环一段508号　邮编：410014）
网　　址：www.hnwy.net
印　　刷：三河市中晟雅豪印务有限公司
经　　销：新华书店
开　　本：787×1092　1/16
字　　数：240千字
印　　张：16
版　　次：2011年3月第1版
印　　次：2020年1月第16次印刷
书　　号：ISBN 978-7-5404-4777-9
定　　价：29.80元

若有质量问题，请致电质量监督电话：010-59096394
团购电话：010-59320018

# Chapter ❸

**第三章　生日是隐形的向导 / 039**

## Chapter ❹

## 第四章　生日九宫图：个人命盘 / 185

# Chapter ❺

第五章 限制数：童年习气落下的病根 / 219

# Chapter ❻

第六章 细说数字流年 / 231

# 自序
## 心中有数

在接触占数学之前，我十几年来一直把东方姓名学当作了解人性的探测器。汉字姓名有特定的计算方式，会形成组合数字和五行生克，而这些刚好透露了人的性格以及命运趋势。尽管东方姓名学与西方的各种命理方式有殊途同归之处，但东方的神秘学结论性比较强，会给有些心理承受力太低的人造成诸多的担心。不少人都在接触命运之说的同时，都纠结于："我的命运好还是不好？""不好怎么办？"这些疑问对我来说都是难题，始终无解。

前几年星座在国内大流行，因我当时在媒体工作，写星座专栏就成了我的专职。就算我能把星座的特征写得妙趣横生，可星座论同样有一种给人定型的感觉，我经常听到读者这样说：我很不喜欢自己的星座，我是那个心眼特别小的星座……包括占星学也同样，不少占星爱好者在学习的过程中越发迷茫：为什么我越了解自己越觉得悲观？我有这么多的缺陷，可如何改变呢？我想事业成功，可似乎我没有这个命……

在探索生命的过程中，我一度找不到出口。我热爱的这些神秘学到底给人带来什么帮助呢？占卜预测难道仅仅是为了验证准确率？还是给一个渴望生活顺遂的人下个或好或坏的定义？有句话叫"性格决定命运"，流传了很多年，几乎成为了真理。可我始终有疑问，什么样的性格能决定好命运？为什么有的人勤奋努力，是公认的"好性格"，可依旧找不到出路？为什么有的人缺点多，但偏偏走的是好运？这性格之论似乎站不住脚。而观念同样也在决定命运，一个人假如价值观不正确的话，就会选择错误，给自己造成诸多难题……可错误的价值观仅仅是环境与社会造成的吗？它是否与天性有联系呢？我心里有无数个"为什么"等待解答。

直到遇到了希腊占数学，这些疑问和迷惑才逐渐一一解开。原来，我们每个人都是独一无二的，我们的人生就是由不完美组成的，所谓的缺陷是用来启发我们的课题，而优势才是需要发扬的重点；原来，每个人都有自己的生命蓝图，上面可以看到一生的使命与需要克服的陷阱；原来，我们根本不用改变自己，只需要认识和接纳，在这个自我认知的过程中自然就有所"转变"（这转变确切地说是进步）。

占数学对我这个以探索人性为兴趣的人来说，为我打开了一扇认识自我和帮助他人的大门。在印证和学习的过程中，我从对人性心理的好奇心，逐渐走上了心灵觉醒的道路。占数学就像一个支点，不但帮我重新认识了自己，更正了我以往看问题的角度，而且还使我逐步接触到色彩、脉轮、水晶、九型人格、直觉力、灵性彩油等新时代灵性学科。其实，这些早在西方盛行过N多年的灵性学都与占数学触类旁通。

从2000年开始，受到数字2的振动，我们已经进入了心灵层次发展的时代，每个灵魂都需要找到自己的位置，认识自我自然成了大家必修的一门功课。

这是门实用易懂的识人术,可以随时运用到生活事业上,帮我们快速识别自己的人生路线。目前在国内,占数学对大家来说还比较陌生,远远不如星座学说普及。我写这本书的初衷,也是希望在国内推广占数学,让更多的人通过数字之道,启发自我的进步和成长。

任何与命运相关的学说都是统计学和量比学,是靠观察与统计得来的论证。占数的门派很多,单名称就有很多种,如生命数字、数字学、灵数学、卡巴拉密数,这都与数字研究者们的个人经验与成就有关。这本书我综合了各门派的理论精华,加上我个人的一些洞察印证,如果能带给大家一些启发,也算是完成了我一个小小的使命。对我来说,探索数字的路还很长,每天都有新的感悟和发现,这本书也许有遗憾之处,算是抛砖引玉之作吧。

非常感激那些我认识的和不认识的朋友们,因为有你们提供的生日信息,因为有你们的信任交流,我才有统计钻研数字的机会,感恩!

第一章

# 中西相通的
# 数字之道

　　1997年美国华盛顿的一位记者麦克·卓司宁写了一部惊天动地的书《圣经密码》。之前，卓司宁用了五年的时间研究13世纪犹太人留下的著作《圣经》，利用电脑分析解构圣经文字并将之转换成数字后，他发现了暗藏在数字中的世纪预言。卓司宁这本书多年来一直是西方知识界争议质疑的焦点。数字真的有玄机吗？

　　占数学在公元前6世纪诞生在古希腊，研究数字奥秘的鼻祖是史上一位数学天才——古希腊数学家毕达哥拉斯。毕达哥拉斯不仅是勾股定律的发现者，同时也是位影响深远的哲学思想家。"数是万物的本质""数字支配宇宙"是毕达哥拉斯最早提出的哲学概念。毕达哥拉斯认为，不论物质世界还是精神世界，都离不开数字，万物的背后都有数字法则在起作用。

　　在古希腊，人们始终在对"宇宙的本源"进行着执著的探索，毕达哥拉斯发现人的一生有规律可循，并与宇宙有着直接的共振关系。他从数字中找到依据，提出了1~9数字的基本含义，将数字分为奇数和偶数（1、3、5、7、9为奇数，2、4、6、8为偶数）。毕达哥拉斯并没有留下任何关于占数学的著作。虽然他创立了毕氏数字玄学派，但因当时的宗教纷争，毕达哥拉斯只是私下向他的学生秘传数字天机，靠的是口头相传。

　　根据资料记载，希腊哲学家柏拉图继承了毕氏数字理论成果，并创建了柏拉图独有的思想流派。柏拉图认为"人的一切知识都是由天赋而来"，这与受毕达哥拉斯的数字论的影响分不开。占数学在英国、美国等发达国家相当普及，数字研究者们将数字能量运用到了人生启发与精神提升等领域。

第一章
中西相通的数字之道

　　这本书所介绍的占数学，是在毕氏数字理论的基础上进行演变发扬，并由后来的数字神秘学家融入了犹太人的卡巴拉教等数字论，形成的一套完整的数字应用体系。

　　不论东方西方，关于数字含义的解释都有一定的相通之处，并且两者在研究结论上有着惊人的吻合，这也印证了"宇宙支配数字"这一说法。

　　Numerology这个英文单词直译过来是命理学，针对的就是"数字命理"。在西方很多国家，数字命理学与我国的易经有着相同的地位和说服力。数字与占星术、塔罗牌作为西洋占卜符号学，早已在民间流传了几千年，而这三种演算方式相互之间也有着密切的联系。

# —— 行星与数字 ——

占星学是通过观测宇宙天体运行来预测解析人类命运的占卜方法，它包含了神话、天文学、数学、数字学、哲学、预言等形式的存在。

占星学中有十一大星体，太阳、月亮、地球、水星、金星、火星、木星、土星、天王星、海王星、冥王星，每一个星体都代表了不同的人类性格特质，并有一个与其相关的数字，而这些星体体现的含义，正对应了相关数字的本质。

**数字1——太阳**
太阳是所有星体中最亮的一个，属阳性的力量，并具有冒险精神与开创的魄力。

**数字2——月亮**
月亮星座属阴性层面，与母亲的影响有直接的关系，其中也包括对情感的选择标准和人际关系的协调。

**数字3——木星**
木星象征幸运点，是一颗崇尚积极乐观的星体。木星和推理有关，因此木星也代表了法律、文化、历史、哲学等事物。

**数字4——地球**
地球是十大行星中最为稳重的一颗行星，务实，勤奋，脚踏实地。

**数字5——水星**
水星具有心思敏捷的特征，以轻松的态度处事，非常注重细节，喜欢玩猜谜游戏，复原能力也相当好。

**数字6——金星**
金星无论在感官或精神层面，只要是美丽的事物，他们都会爱不释手。在神话里，主宰金星的神话人物维纳斯代表"爱"。

**数字9——火星**

火星主宰的具有积极、冒险、热爱成功，以及锲而不舍的特质，是理想主义代表。

**数字7——海王星**

海王星充满幻想，散发出令人难以抗拒的神秘感，有流浪作风，好思考。

**数字11——天王星**

天王星运行轨道的不规则，也意味着不按正规行事，释放出自发、冲动的能量。

**数字8——土星**

土星拥有强烈的个人价值观，同时也拜土星的统御力量之赐，能够发挥强势的权威感。

**数字22——冥王星**

冥王星被视为冥府之王的化身，同时也是人类的黑暗面——金钱、力量和性欲的象征。

## ❈—— 宫位与数字 ——❈

在星相图中，圆被分成了12个区间，即12宫位。不同的宫位代表一个人不同的生活领域，同时反映出各个不同的心理层面。12宫位的对应数字也就是星座的排行代码，其中代表含义也与数字意义相同。

第1宫：白羊座的位置，代表诞生和自我意识。

第2宫：金牛座的位置，代表物质和资源。

第3宫：双子座的位置，代表学习与沟通力。

第4宫：巨蟹座的位置，代表情感与家庭。

第5宫：狮子座的位置，代表快乐与创作。

第6宫：处女座的位置，代表服务与奉献。

第7宫：天秤座的位置，代表合作与婚姻。

第8宫：天蝎座的位置，代表再生和继承。

第9宫：射手座的位置，代表对宗教哲学的追求。

第10宫：魔羯座的位置，代表自我实现。

第11宫：水瓶座的位置，代表理想与社会观。

第12宫：双鱼座的位置，代表潜意识与超越自我。

## 塔罗与数字

　　西方的塔罗师同样也是精通占数的人，尽管两种演算方式有所不同，但又有着密切的联系。塔罗牌一共由22张牌组成，其中分为大阿卡那牌和小阿卡那牌，每张牌都有对应的数字。塔罗师在解读牌意的时候会结合数字意义，能为预测分析增加精准度。

| | |
|---|---|
| 数字1——魔术师 | 数字12——吊人 |
| 数字2——女祭司 | 数字13——死神 |
| 数字3——皇后 | 数字14——节制 |
| 数字4——皇帝 | 数字15——魔鬼 |
| 数字5——教皇 | 数字16——塔 |
| 数字6——恋人 | 数字17——星星 |
| 数字7——战车 | 数字18——月亮 |
| 数字8——正义 | 数字19——太阳 |
| 数字9——隐士 | 数字20——审判 |
| 数字10——命运之轮 | 数字21——世界 |
| 数字11——力量 | 数字0——愚者 |

# 五行与数字

我国的《易经》是人类自然科学与自然哲学的顶尖之作，"易道广大，无所不包"，其中数字也是易道之一。

八卦代表了早期中国的哲学思想，源于中国古代对基本的宇宙生成、相应日月的地球自转(阴阳)关系、农业社会和人生哲学互相结合等观念的认识。中国玄学保守派们认为外国人不懂阴阳学，其实希腊占数的理论与中国易数理论完全相同，只不过毕达格拉斯将数字分为奇和偶，而我们的祖先把数字分为了阴和阳。

数字1~9，在《易经》中称之为：阴阳两仪，三寸三身，四梢四象，五行五脏，六合，七星，八卦，九宫。八卦代表八种基本物象：乾为天，坤为地，震为雷，巽为风，艮为山，兑为泽，坎为水，离为火，总称为经卦。由八个经卦中的两个为一组的排列，则构成六十四卦。这八组基本符号也与数字有对应，1乾、2兑、3离、4震、5巽、6坎、7艮、8坤。其中没有9这个数，在易学理论中，9不是具体的数字，而是判别数字阴阳属性的符号。

五行意味着物质的运行与生克规律，金木水火土，为天地万物之宗。而五行所对应的数字便是1、2为木，3、4为火，5、6为土，7、8为金，9、0为水。五行再分阴阳，1、3、5、7、9为阳，2、4、6、8、0为阴，一共10个数字，即自然数。每个数字的特征含义几乎可以说与希腊占数学吻合。

## 数字1与阳木

在中国五行里数字1为阳木，可比喻为参天大树。大树挺拔充满力量，枝叶茂盛，扎根大地，风雨无惧，寓意为顶天立地栋梁之材。阳木透露出的信息为秉性正直，有担当力，不屈不挠，自发性强，即使无人灌溉，依

旧可以凭大自然的优劣环境顽强生长。同时阳木的负面能量也体现在了自傲、僵硬、过硬易折上。

阳木性情的人在生活中可发挥领袖能量，具有胆识和决策力，刚直仁德，呵护弱者，常以强者的姿态出现。但阳木的个性里存在自私的意味，以自我为中心，遇事不通融，唯我独尊，爱听奉承，好批判，目空一切。所以很多具备阳木特征的人，假如无法发挥自身的长处，而去放大短处的话，有可能就成了孤军奋战的光杆司令。

## 数字2与阴木

2是偶数，属阴，在五行叫阴木。阳木是大树，阴木就是小草花卉。花花草草不如大树生命力强壮，需要有人精心呵护和照料。美丽的花草没有水会枯萎，有了虫会生病，风大了会被刮倒，还怕烈日晒蔫了，它们很脆弱。可小花小草假如被照料得很好，它们就会很美，给人带来愉悦。如果对它们缺乏耐心、置之不理，或者很粗暴对待它们的话，花草也就会凋谢了。

阴木2非常脆弱，如花草一样需要依附于强大的力量，"大树下面好乘凉"，形容2这个数字是再贴切不过了。具备阴木特征的人，无论男女都有偏女性化的气质，爱美丽，敏感多虑，擅长察言观色，对周遭的风雨变化太过在意。阴木一旦缺少了庇护的大树，难免伸展不开，胆小怕事，无主见，一旦遇到困难和挫折，便怨天尤人，委曲求全。

## 数字3与阳火

阳火3就是一团熊熊烈火，在燃烧中随时要迸发出火和热来，阳火的热量像是生命之火，能给周遭带来光明。火焰来得快去得快，阳火3也同样，一旦对什么事物有了兴趣，就恨不能立即投入到里面去，那种高涨的兴趣和热情就如火般猛烈，但实在没什么长性，转眼就灰飞烟灭。

论机敏和聪明度的话，其他阴阳五行都无法比阳火相比。阳火人只要来了兴趣，对任何知识都能快速地吸收，只不过无法深入进去，这与明火的焦躁特征有关。长期如此短平快的学习方式，导致阳火3浮华不实，无所不知可又事事难通。

阳火人乐观有趣，外向健谈，能永远保持孩子般的好奇心。他们神经有些大条，这与阴木2人刚好相反，阳火不太敏感，心胸也比较宽，当然脾气暴躁，很难压抑情绪，能肆无忌惮地任性耍赖。阳火人在乎别人是否把他们当作关注的焦点，为了引人注目，阳火3最擅长如何夸张行事，废话太多，太过张扬，所以也给人不可靠的感觉。

## 数字4与阴火

所有呈现属阴特质的五行都是"收敛型"人，阴火也同样。阴火是火烛之光，热量微弱，但实用可靠，你从不用担心这种小火苗会伤到手，尤其在黑暗的夜里，有一盏烛灯为你照亮，能让人安全前行。

阴火人的性格是谨慎的、缓慢的、静默的，温和而有耐心，做事讲究稳当周全，深思熟虑，所以也会给人保守精明的印象。阴火人重视实际收获，很难去做虚浮之事，毕竟那些没什么实用价值；但也因为过度衡量危机与得失，会让阴火人显得压抑，精明爱计较。尤其是遇到难题时，阴火人不爱外露、自行承担的特点，会有自己跟自己较真的压抑感。烛灯最怕的不是失去引燃的灯芯，而是总担心油会耗尽，这就像阴火人总是把精力集中在物质得失上，其实，安全感都来源于自己的心。

## 数字5与阳土

阳土属于大地高山之土，代表坚实的力量，用途广泛，既可成山成石，也可以用来筑建房屋为人遮风挡雨。因此，阳土的可塑型非常强，有多方面的才华和能力，并具备良好的适应能力。

阳土人的求知欲很强，心灵手巧，对只要有兴趣的东西，都能尽快掌握，并且具备一定的领导力。阳火的领导力表现在号召开创的能量上，而阳土则运用在实干方面。比如同做一事，阳土人会一切亲力亲为，还不放心交给别人，一定要做出色才罢休，这样一来，自然会被众人佩服。但

阳土也是块死硬的石头，性情相当顽固，内心又清高，不撞南墙不回头，很抵触别人的说服建议，但又爱强加给别人自己的逻辑。所以阳土是孤独的，忽而谈笑风生，是人群中的焦点，忽而默默不语，喜欢一个人独处，让人琢磨不定。

## 数字6与阴土

阴土算是花园中的土，与小家小业有一定的关系。花园土远远不如大地土坚硬，土质要蓬松细软很多，当鲜花盛开的时候，阴土有不可忽视的功劳。

阴土人性情温和，斯文重礼节，助人为乐，最突出的一个特点是爱家、孝顺，他们一切的动力都来自对家庭的责任，为父母，为爱人，为孩子。强烈的责任感会让阴土人做事比较实际，用人之道很明确，所以礼尚往来是阴土人的强项，不懂拒绝别人更是阴土人的一大困扰。我们看到心软的人都会当作是一个人善良的表现，但假如出发点是要面子或为了讨好别人，"心软"也会成为一种虚伪的举动。阴土人就有此"暧昧"的特点，态度不明确，随意接收和释放同情心或爱意，就如同土掺了水，就成了和稀泥。

## 数字7与阳金

阳金如刚，坚不可摧，是铸造高楼大厦的大材。阳金的硬度决定了它有支柱的作用，也代表着果敢与刚直。与好强好胜的阳木相比，阳金7的强扎根在骨子里，如果不是自己愿意做些改变，外界任何力量都无法折断这根钢筋。

阳金人有艺能才华，不流俗，正直爱说真话，爱恨分明，立场坚定，有幽默感，爱思考。但这类人完全以兴趣决定一切，从不考虑现实问题。例如，假如有一大笔钱唾手可得，阳金人要看是否乐意去拿，若需要用尊严去换取，他们宁可放弃。阳金人的脾气又臭又硬，清高自负，在处世上不够圆通，难免会因性直不低头而错失良机。

想得太复杂也是阳金人的一大特点，他们只相信自己的判断，爱支配他人的思想，这也会造成主观不通融的问题。假如一意孤行，固执己见，摔的跟头只多不少。

## 数字8与阴金

阴金是黄金，与阳金相比有一定的柔韧度，且内敛深知自身价值。是金子总要发光，而黄金的成色也是外界对它做价值判断的标准，所以一般阴金的人很在乎外在的标准。

学习能力超强的阴金都是好学上进之人，很懂得知识就是力量，尤其在语言和艺术方面才华出众，经常被夸奖赞美为聪明人。阴金人有强烈的虚荣心，看重面子和自我形象，这几乎成了此类人的动力。为了处处建立优越感，阴金人喜欢维护表面的风度与素养，而逐渐形成压抑阴暗面的习惯，一旦积压过多不满，反而会伤人。

阴金人的脾气虽然依旧有"金"的倔强，但这种顽固隐藏得比较深，轻易不露，但一旦与人探讨理论，就会释放出那种"我是真理"的主观意识，给人感觉自命不凡。阴金人只对值得佩服的人友好侠义，而对愚钝或无才的人常常流露出挑剔和不屑，有完美主义倾向，这同样会给人际带来不利。

虽然金子有一定的价值，属于贵金属，可如果阴金人能意识到这世界上还有更昂贵的钻石，就会明了自知之明的重要。

## 数字9与阳水

阳水是大海江河之水，汹涌开阔，不拘小节，有胆识，能纳百川。水代表出色的智能，阳水人都非等闲之辈，具备谋略，判断力出色，做事有志，知识面广，故能成大气。

9这个数字在西方占数学中，同时综合了前8个数的能量，特征有1~8的综合意味。而阳水也同样，阳木的超强的自我心，阴木的多虑好分析，阳火的口快爱辩，阴火的精明务实，阳土的适应能力，阴土的多

情，阳金的耿直狂妄，阴金的自视过高，如此看来，阳水整个就是阴阳五行的综合体。

阳水人喜欢思考想象，注意力经常会被某一个细节带到幻想的空间，哪怕是眼前飞过一只鸟，都能把阳水人带进情绪的变化当中。所以在中国数字中，阳水数9是凶数，与意外不幸相关，意外大多出于偶然事件，这多少与精神不容易集中有关。

**数字0与阴水**

与阳水不同，阴水属于涓涓小溪之水，轻柔灵巧，能滋润花草。阴水属柔和水性，无论与哪个数字搭配都会形成一种融化刚性或提升负面的局面。如10比11、21、31、41多了隐藏与感性，少了好强霸道之气；20比2、12、22、32更为敏感，也加强了悲观情绪；30不如3、13、33、43外露急躁，但也多了些许幼稚顽固的性情。与西方占数同一道理，阴水0的任务就是稀释或凝固某个五行的力量。

第二章

# 生命数字的奥秘

如何快速计算属于你的数字

图解1~9原始意义

　　毕达格拉斯将数字分为1~9种能量，每一个数字都肩负着它的使命和重任，当这些数字出现在我们的生日里时，它透露出属于你个人的生命信息。

　　我们的名字可以随意改变，但唯独生日无法重新改写，生日数字就如同人的基因密码，记录传递着身、心、灵多方位的先天与后天特质。

　　透过数字去看万物的真相，能帮助我们了解自身的真实需要：你是什么样的人？你有什么样的性格？你做事的方式是什么？你需要克服什么弱点？你的天赋是什么？你的缺陷是什么？生日数字都能一目了然。同时也可以帮助我们理解身边的人：他为什么这样，她怎么会那样……我们不能要求和控制别人，毕竟，每个人的生命旅程大不相同，所以，我们所能做到理解别人的唯一的办法，就是——了解他人。

　　我们对于数字必须先有一个基本的认识：数字没有好坏之分，任何一个数字都不完美，都有着突出的正负两面性。奇与偶，有界与无界，善与恶，左与右，一与众，雄与雌，直与曲，正方与长方，亮与暗，动与静——毕达格拉斯最早提出了整个宇宙的十个对立概念。世界本身就是由相互矛盾的事物组合而成，数字也同样在遵循这一法则。

　　熟悉每个数字的含义非常重要，作为初学者，最好能将每个数字的基本意义印在脑海里。占数学的计算方式非常多，但了解1~9的基本数字含义，是进行各种运算的基础。其中另有大数字11、22、33具有双重含义（复合数字），也叫卓越数，它们既要参照自己包含的两个数字的含义，也可单独解读。0是一个特殊数，似有似无，但它独立含义也很深远。

# ～ 如何快速计算属于你的数字 ～

当你看到一个人的生日，想从年月日快速了解这个人的大致特点，有三方面的因素来做参考：

## 1. 生日数

生日数代表天性所带来的人格特质与行为表现，透露着你的性格、思考方式。可以说，仅从生日数就可以判断出你给别人的外在印象。

生日数能量贯穿我们的整个人生，尤其在成年阶段，是最能体现你特色的个人标签。

### 计算方式

这是出生年月日中最简单的一个数字，你是几号生？不用去看年份和月份，只看出生日期，举个例子：1984年2月5日，5就是生日数。

在数字计算中，某个数字一旦大于9，就必须用加法简化到个位。如，18日生，18这个数需依次相加简化到个位，1+8=9，18日的生日数就是9。任何生日中出现的两位数，都需要单数相加简化到一位。这也包括10日、20日、30日，1+0=1，2+0=2，3+0=3，生日数全部为单数。

另外，在数字中要时刻牢记三个复合数字：11、22、33，这叫大数字，统称为卓越数。当遇到生日数相加出现11、22的时候，需要衡量两个数字特质。举例说明，某人29日生，生日数应计算为2+9=11，这个数字11可以单独算做11数，也可以参考数字2的特征（1+1=2），这是具备双重能量的特殊数字。

## 2. 命运数（命数）

人生中总有诸多难题等着我们去攻克，这是每个成年人都需要面对的

课题。但每个人各有不同的使命，不同的方向，不同的力量，这就需要用命数来识别"我将要成为什么样的人"。假如把人生比成一场戏的话，命数就是你将要扮演的角色定位，人生的成或败都与命数所带来的人生体验有密切的联系。

命数具备你的成长趋势与价值倾向，它是你生命的目标。了解属于你的命数，可以帮你弄清楚自己人生角色的侧重点与努力的方向。

## 计算方式

先将你的出生年月日写下来，然后分别个位相加简化到个位数。

例1　小A是1976年7月6日生人

计算公式：1+9+7+6+7+6=36

36这个数字为天赋数（后面章节有介绍），将36继续相加简化3+6=9，

数字9就是小A的命运数。

例2　小B是1993年12月25日生人

计算公式：1+9+9+3+1+2+2+5=32=3+2=5

小B的命数就是5。

例3　小C是1984年10月29日生人

计算公式：1+9+8+4+1+0+2+9=34=3+4=7

小C的命数就是7，其中10月同样1+0个位相加，或者遇到10、20、30这样的数字，可直接去掉0。

例4　小D是1973年4月5日生人

计算公式：1+9+7+3+4+5=29=2+9=11

小D的命数是11。当最后相加出现11、22、33这样的卓越数时，不必继续相加到个位，卓越数具备双重影响，是1~9基本数字之外的另解数字。

小 提 示

命数的计算方式很简单，只要每个单数相加简化到最后的个位数字。接触生日多了，自然就会很熟练。不过最好刚开始计算时多做点练习，把全家人的生日都拿来计算一次。建议不要年、月、日单独相加，最后再组合在一起，这样很容易乱中出错。

## 3. 频率最多数

在我们的出生年月日当中，每个数字都具备能量，它们各司其职影响着一个人的人格，使它常常具备一定的多面性。当生日中某个数字出现频率比较多的时候，这个数字的能量振动会给你带来突出的影响。

如：小E的生日是1981年11月2日，其中出现了4个1，尽管小E的命数为5，生日数为2，但因生日里1出现频率过多，那个1的能量就会对他有很强的作用，他同样具备1的明显性格特征。

再举个例子，小F是1999年9月9日出生，命数1，生日数9，生日中出现了5个9。这样的生日很特别，几乎全部为9，那么小F的性格特征可以说是典型的9。

不是所有人的生日都会如此明显地出现频率最多数，但假如生日中某个数字出现频率大于2个的时候，分析时就要参考此数的能量。出现的重复数字越多，这一数字的负面特征就会越强，这些就会是在人在学习过程当中需要面对的人生障碍。

小 提 示

通过生日数、命数和出现频率最多数字，可以直接判断"属于我的特征"，这样就能对自己有一个初步的了解。

相临的数字之间有很明显的对立面，这是奇数与偶数的相反特质。很

多人拥有这样的数字特征，如命数1，生日数2（或者生日中2出现频率过多），那么这样的人既有独立自我的一面，同时也习惯依赖善于配合，这样的人人格有很明显的双重性，需要在两种能量中找到平衡。

假如三方面同时出现了相同的数字，如有的人生日数为3，命数为3，生日中出现最多数字为3，这样的人就是非常突出的数字3类型的人，优势和不足都比较明显。

在了解数字之前，需要非常清醒地意识到，人人都是矛盾体，存在虚与实两种状态。数字仅仅是将"实"的部分总结给你，至于如何去理解，就要看你的心态是积极还是消极了。

# 图解1~9原始意义

## 创始数——1

| 象征符号 | 太阳 |
|---|---|
| 属　　性 | 行动智商型 |
| 对应色彩 | 红色 |
| 五　　行 | 阳木 |
| 星座排行 | 白羊、魔羯 |

阿拉伯数字从形态上看与数字本质十分统一，这也是符号学中所说的"意义显现"。1这个数字，就像一个人，挺拔笔直地站立在那里，具有顽强的生命力，但看起来又是孤傲僵硬，无柔韧度。

1是数字的本源，是生命的种子，它象征着启动创始，万事的开端。在《圣经》中，上帝创造了第一个人类亚当，即男人。1有着强大的阳性力量（奇数），是父亲的代表。因此，1不仅是数字之首，更是数字法则的基础，作为初始数字可衍生后面的数字，其他数字都是因它而生。

### 正面优势

自我，独立，勇敢，力量，创造性，号召力，果断，原创性，独特，进取，乐观，可信任，创意

### 负面挑战

说教，偏执，自私，冲动，傲慢自大，咄咄逼人，吹牛，冷酷，苛求，虚荣，居高临下，强硬，攀比，嫉妒

### 恐　惧

伤自尊，不被重视，做配角，不如别人

## 平衡数——2

| 象征符号 | 八卦图 |
|---|---|
| 属　　性 | 感觉心智型 |
| 对应色彩 | 橙色 |
| 五　　行 | 阴木 |
| 星座排行 | 金牛、水瓶 |

　　2这个数字的形态就如玉树临风的数字1弯下了腰，变柔软了，并有屈膝之意。

　　上帝创造了亚当之后，又从他身上取下一根肋骨创造了一个女性夏娃。两人最初的相处并无性别之分，互相之间总有争执。于是，上帝给了亚当健壮的肌肉和胡须，同时也给了夏娃似水柔性，这样才使得两人的日子得到平衡。

　　2就是1的原始力量的进化，是播种之后的孕育期，代表女性气质（偶数），阴柔依赖，有着母性的力量。

　　2是一个两极分化的数字，具备双重波动性，阴与阳、男与女、黑与白、真与假，表现出数字1的相反作用力。

### 正面优势

　　艺术感，耐心，宽容，善于分析，直觉力强，美感出色，配合协调，可靠，安静，平和，善解人意，优雅

### 负面挑战

　　依附，左右不定，无主见，过度敏感，软弱，善于讨好献媚，顽固，抱怨，愚昧，沮丧，利用他人，缺乏独立性

### 恐　惧

　　独处，做决定，无依靠

## 表达数——3

| 象征符号 | 三角形 |
|---|---|
| 属　　性 | 灵巧聪慧型 |
| 对应色彩 | 黄色 |
| 五　　行 | 阳火 |
| 星座排行 | 双子、双鱼 |

数字3在形态上是个多方位的"可爱数"，把3侧翻过去就是英文字母E，躺下又像是W，趴下看又成了M，这是阿拉伯数字里最有趣的一个数。

3代表关系，黑与白无法直接关联，阴和阳必须同时存在，关系的建立是第三种力量。1是父亲，2是母亲，而3就是它们的"孩子"。

在基督教中，3是圣父、圣子和圣灵的综合体，即男性驱动力+儿童状态+灵性结合三位一体数。这是一个乐观机敏的数字，具有旺盛的好奇心，乐观善于表达，具备孩子一般的纯真与多变性。

### 正面优势

聪明，热情，想象力丰富，有创意，幽默感，充满活力，善于表达，时尚，擅社交，多才多艺，有趣，乐观，有激情，受欢迎

### 负面挑战

夸张，做作，缺乏方向，自我怀疑，搬弄是非，幼稚，逃避现实，肤浅，虚荣，喋喋不休，撒谎，铺张浪费

### 恐　惧

被限制，无聊，面对现实，不被关注

# 执行数——4

| 象征符号 | 四方形 |
| --- | --- |
| 属　　性 | 计算智商型 |
| 对应色彩 | 绿色 |
| 五　　行 | 阴火 |
| 星座排行 | 巨蟹 |

4这个数字在形态上就像一把三角量尺，代表精算，中规中矩，同时每一笔都是直挺的，见棱见角，象征着死板，不知变通。

四季分春夏秋冬，方向分东南西北，物质存在的四元素分为火、水、风、地，数字4代表了完整的秩序。数字4的物质平面结构就像一个正方盒子，坚固、完善、安全。

数字本质都带有原始的意义，1和2的结合创造了3，当组合成一个家庭时，就要靠数字4来稳定生存的基本"安全"，4的任务就是实现和显化。

## 正面优势

实际，组织力，可靠，实干，诚恳，有勇气，任劳任怨，未雨绸缪，稳重，做事认真，坚定，忠实，逻辑分明

## 负面挑战

过于谨慎，约束，拒绝改变，自我保护，挑剔，嫉妒心，吝啬，心胸狭窄，缺乏想象力，说教，不变通，无趣乏味

## 恐　惧

变化，不稳定，生活危机

# 自由数——5

| 象征符号 | 五角星 |
|---|---|
| 属　　性 | 多才心智型 |
| 对应色彩 | 蓝色 |
| 五　　行 | 阳土 |
| 星座排行 | 狮子 |

数字5从外型看就如张着大口喊叫的小孩，写起来有龙飞凤舞的感觉，完全不受约束的一个数字。

5标志着变革和自由，大胆而颠覆传统，同时也不可预测。毕达格拉斯派将5视做最神圣的宇宙数字，是融合了2和3的法则。5的诞生也代表着突破数字4的诸多限制，从衣食安全上升为寻找心的方向。

很多国家的国旗都是以五角星为主题的，其中我们最熟悉的就是中国国旗和美国国旗。星星之火可以燎原，数字5的革命意味很强。因为，对人来说，先有自由才能去谈幸福人生，而为了自由，就要先革自己的命。

### 正面优势

敢于冒险，博学多才，反传统，敢于颠覆，适应环境，坚持自我，智慧，充满活力，探索心，独创性强，视野宽，幽默感

### 负面挑战

烦躁不安，无常，爱拖延，惰性，华而不实，顽固，散漫无序，缺乏恒心，情绪化，爱嘲讽，精力不集中，狡猾，浪费，不可靠

### 恐　惧

承诺，压力，承担责任，一成不变

## 奉献数——6

| 象征符号 | 六芒星 |
|---|---|
| 属　　性 | 直觉聪慧型 |
| 对应色彩 | 靛蓝色 |
| 五　　行 | 阴土 |
| 星座排行 | 处女 |

　　数字6在形态上很像一个怀孕的妇女，挺着大肚子极具母爱。6也代表孕育，有母性的包容力。

　　六芒星被犹太人理解为"神"（上帝）和女性完全结合的神圣标志。而6在数字含义中同样有阴柔的特征，象征培养、关怀、和谐、奉献，意味着需要稳定和扎实的家庭基础。

　　6针对的意义还有重视亲情，对爱的需求更为强烈。同时这个数字也代表治疗和艺术理解力。

### 正面优势

　　可信，忠实，爱和平，有同情心，可以承担，助人，亲和体贴，治疗他人，公正，奉献精神，荣誉感强，有担当，负责，直觉力，美的鉴赏

### 负面挑战

　　焦虑，挑剔，苛刻，自怜，保守封闭，得失心重，盲目付出，施加压力，自私，多管闲事，沉闷，嘴碎，自以为是

### 恐　　惧

　　承诺后的兑现，付出无回报，缺乏价值

## 幸运数——7

| 象征符号 | 彩虹 |
|---|---|
| 属　　性 | 研究智能型 |
| 对应色彩 | 紫色 |
| 五　　行 | 阳金 |
| 星座排行 | 天秤 |

　　数字7是个相当特殊的神奇数字，仅从7的形态就能想象出无数的奥妙都与它相关。7就像一个大问号，也更像一个魔杖——代表质疑和神秘。

　　一个星期有七天，北斗有七星，彩虹有赤橙黄绿青靛紫七个颜色，音阶由七个音符组成，人体有7个脉轮，佛家有7根智慧柱……与数字7相关的定律举不胜举。耶稣的生日是25号（7），所以7在西方被称作上帝之数。

　　数字符号学中的7与色彩符号学中的紫色极为相似，它们的共性是神秘，皆被宗教青睐。数字7象征着人的内在需要寻找深度意义和精神联系，是善于挖掘事物真相之数。

　　数字7同时也代表着人与神之间的神秘联系，全世界都将7看作幸运数字。

### 正面优势

　　精密分析力，神秘，博学，安静，有深度，求知欲强，寻找真理，自学成才，智慧，直觉力，内省，艺术气质，哲学意味，幸运

### 负面挑战

　　自负，疑心重，孤僻，偏激，冷漠，过刚，与人保持距离，奸诈，挑剔，重视阴暗面，缺乏同情心，刚愎自用

### 恐　　惧

　　犯错，无知，被欺骗

## 因果数——8

| 象征符号 | 无限符号 |
|---|---|
| 属　　性 | 商业心智型 |
| 对应色彩 | 金色 |
| 五　　行 | 阴金 |
| 星座排行 | 天蝎 |

在数字形态上，8是唯一没有"出口"的数字，看起来就十分有弹性，就像一条四通八达的道路，伸展开来是畅通无阻的光明大道，拧巴起来又成了复杂的十字路。8的外形也是数学中的无限符号，代表着无数的可能性。

数字8在我国民间是象征财富的符号，谐音同发财的"发"。在数字中8有同样的意义，与财富权力有所关联。8象征着统治、控制和成就，它是行政决策数。

数字8另有个奇特的效应，就是因果关系，表示种下什么样的因，得到什么样的果。

### 正面优势

领导力，果断，勇敢，专注，有魄力，能屈能伸，智谋出色，商业头脑，成功，洞察力，有雄心，创造财富，援助他人

### 负面挑战

爱操纵，易怒，急于成功，好权力，虚荣，世俗，势利眼，投机取巧，滥用职权，唯利是图，攀比，赌性，天灾

### 恐　惧

失去威望，被人怜悯，平庸，失败，贫穷

# 大爱数——9

| 象征符号 | 万花筒 |
| --- | --- |
| 属　　性 | 心灵聪慧型 |
| 对应色彩 | 白色 |
| 五　　行 | 阳水 |
| 星座排行 | 射手 |

数字9的形态非常有趣，像是一个头重脚轻的人，微微低着头沉思。这非常形象，因为数字9的特征之一就是发达的想象力。

9这个数字很特别，9加任何数字都会还原。例如，9乘以任何数还是9；3+9=12，1+2还是等于3；3×9=27，2+7还是等于9。9代表着结束、最高以及生命的轮回，将数字1~8依次加在一起，1+2+3+4+5+6+7+8=36，而3+6的答案还是9。

这是唯一用神秘方式工作的数字，从1~9涵盖了"9"种原型的人格领域，结合在一起之后会有无尽的变化。就像三种基本原色却可组成宇宙间许许多多的颜色一样，由这"9"种原型人格亦能造就出各种独具特性的唯一人格。

6与9同属爱的数字，不同的是，6的圆满在下，是家庭与社区范围，是小爱之数，而9的圆满在上，象征着一种普遍的哲学意识。它具备最高的精神层次，与大爱、心灵提升、宗教信仰都有很大的联系。

## 正面优势

智慧，博爱，高尚，付出爱心，热心公益，慈悲，利人，灵性，懂得爱，激励别人，正义感，想象力丰富，慷慨，人道主义，浪漫，诚恳

## 负面挑战

惰性，妄想，不拒绝，消极，不利己，迷信，爱心泛滥，拯救欲过强，情绪沮丧，情感软弱，自我贬低，不现实

## 恐　惧

任何形式的限制，幻想破灭，希望落空

## 空无数——0

| 象征符号 | 无 |
|---|---|
| 属　　性 | 无 |
| 对应色彩 | 透明 |
| 五　　行 | 阴水 |
| 星座排行 | 无 |

0这个数字并不在数字范围之内，但它又很明确地存在着。0是意味深长的一个数字，它既代表上天赐予的原始能量，同时也有增加或减少数字力量的作用。

印度哲学思想家奥修对"空"的意义进行过注解，把这段话当作0数的含义倒是非常贴切：

"这个'空'并非什么都没有，它是所有的一切，它包含着所有的可能性。它是潜力，绝对的潜能，只是它尚未显现出来，但是它包含着一切……而我们的整个旅程就是由空无到空无。"

## 卓越数——11、22、33

在占数中，11、22、33是复合数字，有着特殊的意义，被称作大师数字或卓越数。因其具备双重含义，在了解该数字的特征时，需要参考两个数字能量，如11，既有1的能量也有2的能量（1+1=2），22既有2的能量也具备4的能量（2+2=4），33既有3的能量也具备6的能量（3+3=6）。

当卓越数主宰人的性格时，此人的个性既会出现双重倾向，同时也会具备更高层次的人生追求。

第三章

# 生日是隐形的向导

命运数——你的人生要走向哪里

先天数——天性真面目

天赋数——后天潜能开发

占数学最实用的部分就是用出生年月日来解析我们的人生走向。命运给每个人都划好了轨迹，按着这个轨迹我们开始了我们的人生旅程。当你走在路上，如果前面有两条路让你选择，一条是山路，一条是水路，你必须对自己的体力、能力和天赋有一定了解，才能做出正确的选择。例如，不擅长游泳的人一旦选择了水路，就有可能陷入困境。

占数学就是一张生命蓝图，上面有路线，有方向，有你该走的路，也有不该你走的路，最终都是要通往属于你个人的目的地。有了识别方向的能力和经验，你的人生之路才会走得顺利。

有个词叫"逆天而行"，意思是"违背天意做事"，那么放在数字上看的话，"逆天"就等于在违背你的天性。例如，有次某电视栏目做了期关于群众演员的专题，那些做着明星梦的人，大多都不具备演戏的才华，他们无论是外貌还是气质，都与演员这个职业的要求相差甚远。但他们抛家舍业，风餐露宿，完全不考虑自身的天赋和能力，信誓旦旦地把做明星当作自己的人生目标，一意孤行地坚持到底，这就是无自知之明。

学习数字之道要先从"自知之明"开始。有了自知，才可量力，才可以避免少走弯路。

我们的生日到底暗示了什么样的秘密呢？首先我们要搞清楚数字的定位，每一个数都有不同的计算方式、循环周期和任务。

1. 命运数——人生角色定位以及发展使命。

2. 先天生日数——年、月、日带来的三个养成阶段。

3. 天赋数——个人天赋潜能开发。

# ❦ 命运数——你的人生要走向哪里 ❦

关于"生命的意义",无数人都在苦苦追寻着它的答案。当遇到生活难题时,时常会有人提出"人为什么活着"这样的思考。但从生命的角度看,这是个虚无的命题,毕竟每个人的人生目标与方向都各不相同,无法有统一的答案。

生命的意义也在于寻找意义的过程,我们需要了解的不是"人为什么活着",而应该是"我为什么活着"。想清楚地了解自己的生命方向,必须具备自我认知能力。假如无法确认"我要成为什么人",难免在理解自我上出现错觉。就如有的人非常渴望出人头地,期待能像李嘉诚一样获得财富和地位,可自身并不具备成功商人的特质,而盲目去追求力不能及之事,自然会遭遇挫折和打击。

命运数(以下简称命数)所代表的就是"我"的生命意义,它是实现个人目标的学习方向,是宇宙赋予每个人的角色定位。同时命数也是你需要接纳的人生课题,也许它包含的危机让你感觉恐惧、想逃避,但无论如何又不得不臣服于它的指引,直到你能从容面对属于自己的生命课题,才有可能最终实现你的天命。

命数是诸多生命密码中最为广泛应用的一种计算方式。因数字流派众多,命数有不同的叫法,如生命数字、灵数、主命数,但不论如何称呼,命数的在数字体系中所占的位置始终被放在首位。

命数由1~9个数字组成(11、22、33为卓越数),每个数字都有从低层到高层的能量,优势与劣势共存,这同时也是一条完善自我的途径。

### 计算方式

将出生年月日依次相加到最后一位个位数。

例1　生日1988年5月9日

公式：1+9+8+8+5+9=40=4+0=4（命数为4）

例2　生日2010年2月18日

公式：2+0+1+0+2+1+8=14=1+4=5（命数为5）

例3　生日1982年4月5日

公式：1+9+8+2+4+5=29=2+9=11（命数为11）

当遇到11、22、33这样的总和时，不要再继续加到个位，卓越数11、22、33属于特殊能量数字，作为命数时有单独的诠释。

**小提示**

　　最简单的命数计算方式就是每个数字依次相加，如果算术不太好的话，可以找个计算器练习。要注意，有一种计算方式我不推荐，就是分别将年月日单独相加到个位，最后再把三个单数加在一起。这样不仅容易乱，而且也牵扯到天赋数的准确与否问题。

## 命数1：不想当将军的士兵不是好士兵

拿破仑的一句"不想当将军的士兵不是好士兵"曾激发过无数胸怀大志之人，只是，这句铿锵有力的名言，其实并无法成为所有人的目标，毕竟将军这一职位不是靠"想"就能得来的，更不是只要发愤图强就能做到，而是需要"士兵"具有将军的才干和领导力。"不想当将军的士兵不是好士兵"这句话最适合命数1的人，立此豪言壮语的拿破仑将军就是命数1（生于1769年8月15日）。

拿破仑从16岁入伍，30岁成为法兰西共和国第一执政，飞黄腾达的速度令人吃惊。在他执政期间，命数1的改革创新魄力也体现得非常突出，他对法兰西的行政和法律体制进行了重大改革，并创建了《拿破仑法典》。他后来的失败来自法兰西帝国与大不列颠及爱尔兰联合王国的战争，这也印证了命数1的"创业容易守业难"。

拿破仑是个争议很大的人物，有人称他为战神之神，也有人称他为摧残自由的暴君。大作家雨果对他的评价比较中肯："人类命运中这个人物的重量过分，搅乱了平衡。在他个人的计算中，他比整个宇宙都要重要。人类的过剩精力都集中在他一个人的大脑中，一个人的头脑要决定全世界的命运。人类文明要延续的话，这将是一个致命的弱点。"其实，这同时也是对命数1的负面因素的准确评价。

不管历史上的拿破仑有怎样的功过，至少命数1们天生就是领袖。这是使命，由不得你推辞和退缩。不论别人服不服你，至少你要先服自己。或许，你身边有人会告诉你，平平淡淡过一生是最安稳的选择，不要太出头，枪打出头鸟，等等，但这绝不是你想要的人生。你的霸气，你的创造力，你的号召力，会驱使你逐渐成为王者。哪怕你的"王国"很小，你都会成为领头人和开拓者。

你无法接受走别人走过的路，你有理想，有信念，更有创造的欲望。你精力充沛，胆识过人，拥有强大的能量场，能随时召来心甘情愿辅佐在你左右的人。因此，除了实现自己的理想，你还肩负着带领身边的人共同发展的重任。

## 成功的根本

### 独立

你必须面对一个事实——什么都要靠自己。你也许感觉到了，几乎所有的事都必须由自己亲自来完成，没有人可以依靠。由于个性好强，不愿意低下头求人援助，你时常被孤立，不得不学会独立自主，这样一来反而能锤炼你克服困难的勇气。

### 自信

自信心会让你做事胸有成竹，充满力量。"我行"这两个字必须由心而发。你首先要了解自己的长处，有自知之明，对不擅长的事不要盲目去说"我行"。你只有做到相信自己，才能够让别人也相信你。

### 负责

你有开拓的能力，无论是单打独斗还是做群体的领导者，责任心会始终跟随着你。一旦随意说空话大话，做事虎头蛇尾，这些不负责任的举动，都会令你陷入丧失信任、不被人尊重的境地。

### 正义

正义感是你的本能，你见不得别人无助，你愿意帮助弱者，面对不公平你敢于对抗。你的正义感来自明辨是非，对善恶的警觉，而不是出自居高临下的审判。

### 胸怀

博大的胸怀也是有包容力的表现，你必须能容得下别人，包括比你强大的人和让你看不起的人。海纳百川，有容乃大，一个大度有气量的人，才是真正的强者。

### 凝聚力

你有一种特殊的能量场，可以将众人的眼光聚拢在你身上。凝聚力强是你的优势，但假如太以自己为中心的话，凝聚力不但会失效，而且还会被孤立。

## 原·罪

### 自大

你时常下意识地以"我"为中心，与人交谈时，你也许从没察觉过，"我"这个字你使用次数最多。你有一种奇怪的想法——"我和别人不一样"，这是你心里一直在强调的声音。因为追求独特性和与众不同，追求创新，你自然就把自己和他人区别开。但这种想法会让你目中无人，你希望他人崇拜你，顺从你，觉得自己无所不能。

### 说教

"我"就是真理，"我"就是准则，一切由"我"说了算，这些自我意识会让你总是有自己的一套大道理。你思维强势，爱教训别人，哪怕是与朋友推心置腹的谈话，你总是不知不觉间就又成了"老师"。

### 爱面子、好攀比

你始终觉得有无数的眼睛在看着你，你非常要面子，生怕被人看低。你习惯了站在高处俯视一切，根本不允许别人看到自己的弱点。

为了面子你会夸大事实，也许出发点并没什么恶意，无非是为了给自己贴金，满足自己的虚荣心。你很克制自己，生怕哪里做得不好不对，这让你的面部表情僵硬，总在时刻抑制本性的自然流露。

### 有勇无谋

冲动无耐心是你的敌人，即使你有出色的头脑和周密的计划，但往往缺乏耐心和恒心。你的注意力都在开创上，容易沉浸于创造的成就感中，越是难度大的课题，你就越要攻克下来。可一旦需要持续守业的时候，你便对此失去了兴趣。做事虎头蛇尾是你失败的关键，只会攻不会守，有勇无谋，一路上只能不断地重新开始，如此反复没有尽头。

### 偏执

造成偏执的原因，来自你认定自己的想法是正确的，听不进去别人的话，更无法站在公正的角度去看问题。面子、自我中心、不服输，这些因素综合在一起，让你即

使内心有了动摇，可依然会坚持到底，死不承认"我错了"。

**支配欲**

你是个孤独的人，偶尔会做着这样的梦：假如有一天能离开人群，到一个孤岛上生活，那该有多好。也就是说，其实你的独立意识是强撑着的，随时有逃避的准备。

你习惯支配别人，在情感关系中也时刻要支配对方。即使表面上尽量装得柔和亲切，可很快你的支配欲就暴露出来了，一切都要你说了算。

**自私**

一个爱强调"我"的人，随时会流露出"我为先"的举动。

深层解读命数1

**本质：从无到有的开创者**

命数1生来就具备独立意识，一个人个性独立必然有着开创的气魄。第一个吃螃蟹的人，第一个敢品尝番茄的人，他们就是开创者，有胆识去挑战未知的一切。许多发明家和领导者都与数字1相关，从无到有，创新改革，这也是1所拥有的开拓精神。在人生舞台上，命数1适合的位置是主角，是众人瞩目的焦点。

你对创造的兴趣大于执行的过程，总想着如何建立自己的一套方式。你要建立自己的王国，在那一亩三分地上树立你个人的标准，哪怕是很小的范围。你对别人走过的路毫无兴趣，只想创新、引领。

任何创造都要与能力相匹配，假如一个人信誓旦旦要发明创造，雄心和魄力都不成问题，但唯独缺乏能力去实现，那只能给自己带来压力和打击。

你的创新之路充满坎坷，"我不服"这个念头在胸中随时燃烧，哪怕仅仅是读一本书，你都会想到：这不是我的思想，是别人的，我要建立自己的一套。假如一件事触发了你创造的雄心，虽然恨不能马上去落实，往往也不会自己动手去做。因为你是君主型的人，只擅长决策和谋略，不愿意把过多的精力花费在琐事和奔波上。你需要施展的是影响力，自信与魄力，这会让你随时吸引来众多的追随者，他们才是帮你执行决策的人，而你最擅长的就是出谋划策和发号施令。

作为有王者特质的人，你非常在乎被尊重和被关注，而得到尊重与关注的方式就是成为某些事的领头人。相比对金钱与权力的渴望，你更在乎的是在群体中的位置。在一个群体中，是否有一个平台能让你发挥出先锋者的威力，这对你相当重要。

你是个发光体，不允许自己暗淡，无论在哪种场合，最令你难以忍受的就是默默无闻。有句话叫"宁做鸡头不做凤尾"，这正是你的写照。假如有两个机会摆在你面前，一件是让你带领几个人去完成一个任务，你从中能得到的只有权力和荣誉，而另一件则可以让你赚一大笔钱，但必须屈从别人的调遣，你很可能当即就选择前者。也许在别人看来，你是野心勃勃的人，其实，你的"野心"来自天生的主宰意识，毕竟1是要做老大的，这是天性使然。

在生活里不被人重视关注，这对命数1者来说，只能意味着失败，而一个在工作上处处被上司打压的命数1者，更是会愤恨不平。做主角能够将所有人的注意力吸引过来，只不过自己所承受的压力也更为沉重。你想演好这个角色，必须具备出色的演技以及理解角色的能力，而且更需要人气。

## 能量：众人瞩目的偶像

命数1是具备大能量的人，做事自信，不模棱两可，一是一，二是二，甚至还会流露出"我就是准则"的态度。但从另一面看的话，命数1的自信也是咄咄逼人的，有自以为是的傲气，常会叫人看不惯。

经常泡论坛、博客的人大概都有此体会：有的人语出惊人、文笔极佳，但每次发表言论，看客都寥寥无几，经常是长篇大论后很快就无人

问津；而有的人随便写点什么，就能招来大批人围观，甚至逐渐形成粉丝群。这似乎有点莫名其妙，为什么差别这么大呢？这就是能量的差距，数字1者通常就是那种被围观的人。

有个命数1女生，经常在博客上发表一些对服装化妆品的感受，按说平淡无奇，论才华也谈不上，但她却有众多的粉丝经常捧场追随。其中有个粉丝说：她的口气有一种非常肯定的感觉，很少用也许、大概、可能等这些不确定的词，我就是被她的这种自信吸引来的。从积极的意义上看，这种超强的自信会形成独特的威慑力，因为是没有人会对一个唯唯诺诺的人产生崇拜之心的。但其存在的负面问题就是让人觉得高高在上，总是不自觉地自以为王。

你有傲慢之气，对于看不上的人或是不愿意臣服你的人，总是一副牛哄哄的姿态。除非遇到了弱势群体，甘愿做你的部下随从，那时候你倒是会显出大将的风度，并且为人热心仁义，大气豪爽。你的身边总会出现几个马屁精，他们还不能笨到马屁拍得太明显，要拍得恰到好处，吹捧也要吹到你心坎里。

当一些人特别仰慕某个明星的时候，不过是把偶像当作了自己的参照物，也就是相当于在表达："我想要做这样的人"。命数1的跟随者也同样，他们被你身上的大能量所吸引，无非是把你当了榜样。

当你一旦遇到同样强悍的对手时，你那争强好胜的心态就被调动出来了，也会与这样的人保持距离。命数1者在情绪低落、缺乏信心的时期，会用张狂傲气来掩饰"暗淡无光"的事实。过于独立和不求人、不低头，常常会让你陷入孤军奋战的境地。

可是，没有其他选择。命数1的人只有通过努力奋斗，让自己成为众人的带领者。

### 人际：服众的障碍

太阳的任务是用光芒为他人照亮取暖，作为命数1，你的责任就是用自身的热量带动他人前行。你想成为周围人尊敬信赖的老大，必须具备出色的做事能力和优良品质，这是你服众的根本。

你是典型的个人主义者，一切以自我为中心，会在不知不觉中强调"我"的存在与尊贵，而不屑他人的感受，这样就难免被众人孤立。你处于"我什么都对"的姿态时，这种优越感和不合作会给你带来人际上的困扰。

与人相处时，你的王者心态，有可能会造成自己一方的被动局面。你缺乏主动性，缺乏耐心与人协调，明明可以主动放下身段去争取，但你却有可能选择"所有问题都自己扛"。这会叫你疲惫不堪，毕竟你的能力和精力都是有限的，并非强大到无所不能。

你认为自己应该处处比别人强，无论怎样，心里都要找到一个平衡点：他比我事业成功，我还比他有才华呢！她的脸比我漂亮，可她没我腿长！……比较来比较去，想的都是自己的优势。好强好胜，无非是喜欢比别人强大，好占上风，可这也仅仅是"想"出来的，并不是真的强，真能胜过别人。

你的面子无所不在，常常为了脸面吹牛说大话，某件事八字还没一撇，有可能就被你宣扬了出去，一副胜利在握的样子。好攀比的人有狭隘的嫉妒心，见不得别人比自己过得好。当以己之长比他人之短时，你的优越感油然而生，当以己之短比他人之长时，你的嫉妒心就要爆炸了。

你非常喜欢说教，大道理一套又一套。尤其当别人请教你的时候，你就像个军官给士兵训话，有时候也不知道自己说了些什么，只是滔滔不绝连绵不断。你很享受这种为人师表式的演讲，虽然说的道理乏味得要命，也没什么重点，可只要有机会，你就会严肃地给别人上一课。为此你有可能出现攻击性，表现为喋喋不休，强加于人，这样一来难免会令人生厌。

你喜欢别人依赖你，服从你的想法，并不希望身边的人比你强，这样会让你获得安全感。所以你常吸引一些与你的个性相反的人相处，这些人有弱者的特点，但你会嫌他们笨，嫌他们不上进，这又会导致你因狂妄自大而失去"人和"。

作为主角，如何与配角相互扶持，是命数1者人生中重要的一环。即便你是个国王，也需要众人的爱戴与拥护。尊重他人，虚怀若谷，能使你在人生舞台上得到更多的掌声。

## 感情：阳性的主宰者

命数1的爱情观是朴素的、认真的，并且原则性很强，可以做个有担当的伴侣，能在家中撑起一片天。不过，要注意太过自我会成为双方感情上的绊脚石。数字1属阳性，即使是女性也有着男人的性格特质。假如不了解这一点的话，数字1的女性人生中很可能就会出现角色错位。

做一个强者并不代表脾气有多大，在家中的位置有多高，而是与自身的精神独立有关。也许你在职场上是老板、领导或者某个团体的领头人，你收入不低，完全自强自立，但假如精神不独立的话，就会在与异性的相处中喜欢支配，要求苛刻，随意干涉伴侣的选择，这都是不安全感造成的"外强中干"。

命数1的女性敢爱敢恨，爽快正直，很值得欣赏。只是大女子作风与偏执的个性会给对方造成相当大的压力。命数1本身就带有主宰者的特征，自尊心过强，以及自我保护意识强烈，这些都会导致在与异性的相处中，无法充分配合对方的局面。假如两人因一点小事有了分歧，女老大们那真是宁死不屈，铁嘴钢牙，即使心软了嘴也不会软，她们重视的还是脸面。

命数1的男性虽有着老大哥的风范，能给予女性依靠感，但比较克制自己的感情流露，越是喜欢一个人就越会表现出一副"我无所谓"的样子。"面子"是所有命数1者的软肋，在选择伴侣上也一样，常会只看重外在的风光而忽略内在。命数1男是有正气的，气势强，但很怕伴侣看到自己"弱"的一面，会努力维护自己的尊严与强大，有时还会硬撑着大包大揽。

命数1还应该留意自私的问题。自私并不代表道德品质上的问题，而是与性格中太过自我的因素有关。喜欢以"我"为中心的人，习惯性地不考虑别人的感受。比如说在类似点菜这样的生活细节中，命数1者也许会客气一下，但最后做主的还是自己，甚至会推荐某个菜"这个相当好吃，我非常喜欢"。这样一来，就无意剥夺了别人的选择，让别人不自觉地又被你"领导"了。

在感情上，命数1男女最需要的是放松，放下自己的诸多自我和自尊，不要总是去争主次。其实不管夫妻之间还是恋人之间，只要你认可了对方，彼此就是"自家人"，有什么可争的呢？真实的示弱也是一种坦诚的表现，爱情之美在于和谐与相互欣赏，而不是寻找对手。

## 数字之间的"化学反应"

当命数1者的生日中2的能量过大时（数字2出现比较多或者生日数为2），会有比较矛盾的状况发生，你会一方面信心十足，一方面又缺乏信心。很想自己独当一面，可执行起来又会尽量去附和别人，这样一来，会少了很多勇气和魄力。

当命数1者的生日中3的能量过大时，会呈现出不负责任的情况，冲动，孩子气，比如口吐狂言，过分爱表现自己，给人印象比较做作，但此类人相当聪明。

当命数1者的生日中4的能量过大时，会出现劳碌命的状况，极其务实，忙个不停，会拒绝接纳好的建议，不容易与人沟通。

当命数1者的生日中5的能量过大时，为人十分有主见，但容易一意孤行，做事有始无终，会不断地开始从头再来，持续性非常差。

当命数1者的生日中6的能量过大时，会深陷面子问题，个性保守，退缩，更喜欢说教，自信不足。

当命数1者的生日中7的能量过大时，智能虽高，但更加狂妄自负，与人群格格不入，在团体中会不自在。

　　当命数1者的生日中8的能量过大时，成功欲更为迫切，会把事业与金钱的成败得失看得过重，魄力惊人，可有时候也失于过分心急。

　　当命数1者的生日中9的能量过大时，会成为领袖人物，只不过1会放大9的妄想力，难免令人高估自己，导致遭遇失败而不自知。

## 命数2：甘为红花做绿叶

三国里的刘备虽为一代霸主，但阴性的刘备与阳性的曹操有着针锋相对的行事风格。刘备这个人物至今都争议不断，褒贬不一。他善于"合作"，靠身边文武大将智才辅佐成就大事；他感性仁爱，多情善哭，素有"刘备的江山是哭出来的"一说；他善于分析揣摩心理，重人和，凭感情投资赢得人心；他有耐心、在乎礼，为请诸葛亮出山而三顾茅庐，甘愿站立半晌静等孔明醒来；他爱强调皇叔的身份，时刻谨小慎微地维护世人看待他的眼光；他能屈能伸，有外交手腕……但同时他也有演戏的才能，在虚实之间真假难辨。

刘备这个人物的特点与命数2非常接近，因为数字2的两元性，本身就带有虚实特征。刘备的身份虽是"主公"，但始终处在"大绿叶"的位置上，而真正帮他成就大业的"红花"是诸葛亮。有人把三国中的人物做了智谋与武力的排名，刘备不在其中，而被例外地封为最有魅力的人。

人人都有个好强之处，就是怕当弱者，不是有句话叫弱肉强食吗？可你见过有种鱼叫清道夫吗？这种鱼专门吃其他鱼拉的屎，它不管和什么鱼放在一起都不会被吃掉。即使没有食物它也不会被饿死，因为有吃不完的鱼屎。它认可自己的位置，不去争不去抢。清道夫是所有鱼的好邻居，快乐地吃着屎，依附着那些强大的鱼。

命数2的人使命就是因处在平衡者的位置而获得自己的成功。既协调两极之间的矛盾与冲突，也有能力以柔制刚。也许你很不愿意做副手、做配合者，这也是命数2者最无法面对的宿命，可假如你去争去抢，去主宰，很有可能会导致你的生命状态一片混乱。毕竟你不是可以高高在上的人，你无法接受任何不和谐，更不愿意拉下脸去支配别人。你缺乏原则性，随时会因人情而思维波动。

你的机会来自人际关系，这是你最重要的成功途径，人际的好与坏决定了你的人生路是否顺遂。你的机会来自人脉，独立作业会让你失去重心。而如何从合作中获得自身的价值肯定，这是你需要学习的生命课题。

## 成功的根本

### 友善

你非常看重与人为善，在和谐的氛围里你会吸引同样友善的人，这是一种良性循环，可以彼此互相扶持创造出成功的机会。人际关系的和谐不是靠讨好和拉拢，而是要靠你的魅力和善解人意。人人都不喜欢与锋芒毕露的人做朋友，而具有亲和力的你会让人相当放松。

### 配合

你有出色的协助能力，没有竞争心，野心也没有那么蓬勃，所以很容易被信任。配合他人是件难度极大的事，需要的不是忍耐的功力，更多的是低调的修养，不能喧宾夺主，也不能俯首帖耳，这种尺度的把握全依赖于你良好的素质和心态。

### 感觉

不管多少人都在称赞有逻辑理性的人头脑非凡，但感性的人还是更为可爱，因为简单直接，不那么复杂。站在你自己的角度，感性可以帮你很多的忙。你的想象力非常丰富，快乐与悲伤都来自你的感觉。对音乐、电影以及所有艺术的感受，都能调动出你出神入化的想象。

### 审美力

你有辨别美丑的天分，对美丽的事物极为热衷，爱美的你很少会穿错衣服，你总是能把色彩搭配和谐，看起来赏心悦目。你可以善用你审美的长处，去发展与此相关的职业和喜好，会有收获。

### 直觉力

在不了解一个人的情况下，凭直觉你也可以对他做出快速判断。要相信自己，你基本不会出错，因为直觉力是你的长处。你的第六感非常敏锐，就像有触角，直觉可以助你一臂之力，让你有先见之明。

### 等待

对你最为有利的际遇都是自找上门的，要学会等待，不要急于行事，这是你必胜的法门。守株待兔或许在很多人的观念里是懒惰的、不求上进的，但在你这里，"守"比"攻"更要符合你的处世之道。

你只需耐心等待，抱着静观其变的态度去迎接机会。

### 依赖心

你的独立性很差，常去依赖强大的人，从小时候依赖父母开始，你永远摆脱不了无法独立的事实。这并不是说明你无法自立，而是你在潜意识中就认为："我是弱者，需要呵护和帮助。"依赖心是让人走向消极的毒药，你会在不知不觉中懒惰成性。在与人合作中，你会发现自己有旁观的状态，不愿意独当一面，其根源就是缺乏自信，总想从别人那里获得一些依靠。

### 讨好

你在人际上扮演着"和事佬"的形象，喜欢附和他人，唯唯诺诺，完全没有自己的立场。你为了获得人缘上的肯定，会讨好别人，滥用赞美，假惺惺与人为善，更无法坚持自己的想法，让人觉得既缺乏个性又不真实。

### 委曲求全

情绪化来自敏感多虑，稍微有些风吹草动就要往心里添堵，这会让你过分压抑自己。有话不直说，表面上说"没关系，我不生气"，可心里却在暗生憎恨。让你表达真实的感受相当难，你会因长期压抑不满而抱怨不休，甚至突然爆发，指桑骂槐大发雷霆。

### 自欺欺人

你在依赖别人的同时，会有一种奇怪的心理，自认为别人非常需要你，有时也搞不清楚到底是在利用别人，还是被别人利用？因为你很难平衡彼此之间相互依存的关系。你的心态也随风飘动，一时强调自己的重要性，一时又否定自己的重要性，来回摇摆不定，但最终还是会自欺欺人地想：失去我是你最大的损失。

**缺乏果断**

数字2意味着会有二元化的拉扯，对与错，松与紧，收与放，把握起来都具有相当难度。遇到大的问题就更是拿不起也放不下，左右矛盾，反复衡量分析，墨迹来墨迹去。你有打破砂锅问到底的精神，但往往问不到点儿上，转几圈还是回到原点。你放不下的层面太多：是不是没有责任心？别人怎么看我？这样不太好吧？那样会不会伤人？考虑得太多了，这反而会给你带来麻烦。

## 深层解读命数2

### 本质：重视美感的"演员"

一个演员不仅仅要有演技，更需要具备超常的想象力和感受力，需要将自己置身于想象出来的场景里，这样才会入戏。2的想象力在九个数字当中当属第一，所以很多艺术行业里的人才总与数字2瓜葛最多。

你有一双看事物细致入微的眼睛，洞察力和分析力非常出色，这并非来自头脑，而与你天性敏感有关。这种敏感表现在各方面，比如对一朵花的感受，有的人仅仅想到，这花很美啊，而你却能通过花联想到很多其他事物，也许是对缤纷色彩的冥想，也许触动了你的好心情或忧郁的情绪。

你是个感觉非常好的人，尤其对美与丑的分辨力更是有过人之处，喜欢一切美好精致的东西，爱享受生活，重视外表，当然也喜欢花钱。你渴望安逸，希望过有品质的生活，对任何"不美好"充满抵触排斥，这包括穷困、丑陋、冲突、噪音、瑕疵、不和谐。

你就像一个雷达探测仪，对周遭的状况有敏锐的洞悉天分。但同样，敏感也会给你带来困扰。由于吸收力过强，你能轻易地接收到负面信息，别人的态度，周围环境的恶劣，外界朋友对你评价的好与坏，等等，你都非常留意，经常下意识地放大想象，歪曲判断。这往往会给你带来伤害或者心病，你的情绪也因此受到干扰，承受挫折的能力比较低。这些因素都会导致你的抱怨、唠叨，以及不知道如何去化解这些不良信息。

虽然你不一定是个演员，可你经常会投入到自己想象的剧本当中，分析来分析去，在虚与实中进退维谷。所以，你给别人的印象常常是缺乏主见，经常为一个决定左右为难，迟迟拿不定主意。每到这个时候，你总希望有人来帮你判断抉择。但即使别人提出建议，你在心里依旧有自己的一套准则，如此一来，翻来覆去的车轱辘话就不停地转，最终也没有解决的办法。

命数2者有表演能力，那种不自觉的"入戏"能力往往会让他人或自己真假难辨。比如你帮别人做了一件事，得到了些报酬，本来这是应该得到的，没什么不妥当，可你会想象自己是绝对的善良和无私付出，会强调我不是为了钱，这对我来说不过是举手之劳，我的目的不在此，等等。你很怕别人因此说你不是"好人"，所以要用无欲无求的形象来掩盖罪恶感。这种情绪很复杂，也是命数2的人常用的面具。

## 能量：以柔克刚，以静待动

万物都由阴阳、主次来协调，如果把命数1比作舞台上的主角，命数2就是配角，是衬托鲜花的绿叶，是一种安定的力量。

你并不是个性格外露的人，喜欢宁静，做事低调不张扬，也缺乏攻击性。这种特质会让你具备安定他人情绪的能力，也会带来别人的信任。你追求随遇而安的生活，不争不抢平安度日，尽可能地与人为善，以期与环境达到和谐平衡。在你的观念里，没有什么事情算得上"绝对"，新有新的道理，旧有旧的好处，你能接受前卫，也不排斥保守，你站在中立的角度上看待一切，中庸就是你的处事方式。

你的直觉力很强，能够凭感觉洞察别人的心思，这也包括对事情的判断。尽管感觉毫无根据，但往往能帮你指引方向。只不过，信任直觉很

难，你会迷失在感觉和期许这两者之间，而最终你会选择期许。比如应聘到一个新的工作单位，明明直觉告诉你"我并不适合做这个工作"，但内心的期待又在呼唤你"这个公司也许很有前途"，而最终的结论往往是，你最初的感觉是正确的。

你缺乏独立性，很难独自去完成一件事，总想把一些期待倾注到他人身上，以此获得一些依靠。其实在你心里非常渴望能独当一面，可你认为：我依赖别人，对方也同样在依赖我，这也是我的重要性的体现。所以你习惯一切由别人做主，反正天塌下来有人帮你顶着。

武术中的太极拳讲究"以柔克刚，以静待动，以圆化直，以小胜大，以弱胜强"，最致命的一击就是借力使力。你适合与人合作，这要比自己独立做事更有把握，更让你有安全感，那种合二为一的方式能调动出你那绝佳的配合力。你不适合单打独斗，这只能让你失去重心、偏离轨道，还有可能引发惰性，让你举步维艰。

配合他人是你的天分，在你的人生之路上，随时会出现很多与他人合作的机会。假如能认可自己的依赖心，把它转化成另一种积极的力量，你会是个很好的辅佐人才。

一部好戏并不是每个人都要做主角，出色的配角照样可以引人注目。

### 人际：多心的矛盾者

命数2者是和平主义者，与人为善，注重一团和气，以柔克刚才是你的处世之道。2是由1衍生出来的数字，同样具备1的特点，也就是说，它并非只具备柔性，自身的刚性同样存在，这就是2所具备的对立特质。

你是有风度和修养的人，不论你是什么身份，什么文化层次，多少都会体现出好素质的一面，这一点会让人感觉很得体。

只是你常常会表现得唯唯诺诺，明明不高兴但会因怕得罪人而默不作声，只把不满积压在心里。你很擅长忍耐，该拒绝的不拒绝，该反抗的不反抗，这会给你带来委曲求全的负面情绪。

你是敏感多虑的人，压抑与不满只有独自消化，靠唠叨、抱怨、自怜寻找出口。你最看重的就是别人怎么看你，比如谁谁谁又说你什么了。人与人之间都是镜子，当你正苦心琢磨别人对你的态度时，你也在挑剔着别人的毛病。你看不清楚自己有什么长处，自然在看待别人的长处时也夹杂着偏见。

你与人交流的时候外柔内刚，往往会表现出与柔和性格不符的顽固。你抓住牢记在心的二元法不放，借此展示自己的客观，这样有道理，那样有道理，想啊想啊，想破了脑袋也没想出个所以然。因为你压根就没有立场，或者可以说，你的没立场其实也正是在回避"想不明白"这一状况。

你的客观背后隐藏的就是主观和不变通，那真是小木头的实质，木讷的思考方式，如再斤斤计较的话，拿起的自然是挡箭牌，用以抵挡真相。你有会计一样的头脑，算计的都是细节上的得失，而对大局，你偏偏从不好好地去算计一下。有个词叫捕风捉影，没影的事儿越想越大，然后生出一坨被害妄想来让自己害怕，这形容的往往就是你的状况。

在人际关系上，情绪化是你最大的弱点，敏感的你喜欢牢记一些不美好的细节。你今天不开心吗？为什么不开心？是不是因为我？——你会对朋友有这样的问话。表面上看起来是讨好或者谦和，实际上你是"多心"的，太在乎别人的情绪是不是与你有关。诸如此类的内外纠结时常让你身边的人不知所措。你甚至还会把自己的坏情绪嫁祸到别人身上——都是你们造成的错，搞得我心情不好。

依赖心也是一把刀，会刺伤家人和朋友。你经常把自己的需要放在第一位，不自觉地操纵别人，假如他们无动于衷的话，你会觉得有种被蔑视的痛苦。

良好的人际关系是命数2者成败的关键，毕竟2的运气来自人脉上的互动，放开心胸，成就他人也就等于成就了自己。

### 感情：不平等的亲密关系

在选择伴侣上，命数2适合的人不论是什么类型，最起码要能够沟通谈心，并且能带来温暖的依靠。但往往命数2者的依赖心会因这种需要产生错觉，就是由于在孤独时急于寻求依赖，反而有可能选择了既不能沟通又无法依靠的人。这也是命数2的人中为什么怨妇比较多的原因。

当喜欢一个人的时候，你很懂得如何关心伴侣的需要，对方的一举一动都会放在眼里记在心上，这种细腻会给对方带来贴心的感受，你也愿意给予对方无私的爱。

你扮演着两人世界当中从属的角色，表示亲密的方式就是"一切都有你呢"，遇到问题你也会推给对方去解决——"你觉得应该怎么办"，"我想你会解决的"，大有甩手掌柜的意思。可当对方习惯指点一切，成了操控者时，你反而不舒服了，感觉自己已经失去了价值。

你分不清楚配合与奴役之间有什么不同，因为喜欢一个人你会无私奉献，一切以他为中心，努力做个贤内助，甚至有迎合的心理。他喜欢看足球，于是你也成了球迷；等你们分手之后，换了一位喜欢篮球的恋人，你又跟着补习灌篮知识。你时刻记得对方的感受，可偏偏忘记了自己的需要。

两人在一起时，如果总是以某一个人的喜好为准则的话，这是极其不平等的关系，你迟早会因此生出不平衡的心理。当彼此关系一旦达不到期许中的状态时，你会忍耐再忍耐，直到忍无可忍，仍不敢做出果断决定，而只会把不满化做一腔的怨恨，自怜命运不公。怨妇之所以有怨，正是因为失去了自我，而把注意力全部放在别人身上之故。

依赖心也会助长或夸大对方顶天立地的假象，让你分不清楚相互利用和爱的区别。指望别人帮你，指望别人照顾你，甚至指望别人养你，可你误以为对方帮你是因为他离不开你，关照你是因为你很好，养你是因为爱你。不够自立的人往往看中的都是对自己有利的那面，对此习以为常就成了感情习惯中的自私与控制。

如何平衡依赖与被依赖的关系,你一生都在寻求这个问题的正解。2的能量有着微妙的自我对立面,真诚与虚伪,热情与冷漠,自私与无私,负责与不负责,等等,而误解往往都是在混淆不清中产生的,让你始终不知道自己到底要什么

当你本能地想依附强者的时候,一定要看清楚对方是否是真的强大。强大并不代表赚钱的能力,也不代表学历高低,更与外在的伟岸毫无关系。强人最明显的特征就是不怕伴侣比自己更强,所以他们往往不会去选择弱不禁风之人,因为真正的强大要的是平衡和独立。

## 数字之间的"化学反应"

当命数2者的生日中1的能量过大时,你会不愿意做配合者,爱出风头,一心想成为领导者,尤其在起步阶段,这种不平衡心最为强烈。

当命数2者的生日中3的能量过大时,自卑感会更为明显,对周围的环境更为敏感,更爱唠叨抱怨。

当命数2者的生日中4的能量过大时,情绪问题会成为你的最大障碍,你总是压抑自己,不愿意把真实的想法说出来。

当命数2者的生日中5的能量过大时,脾气会很坏,包容力欠佳,性格也更为顽固。

当命数2者的生日中6的能量过大时,这时尤其要注意感情上的折磨,常常会拿不起放不下,考虑的责任过多,容易委屈自己,引起麻烦。

当命数2者的生日中7的能量过大时,会表现得过度爱分析,心思不够单纯,人际会成为你的一大问题,你需要人脉,可又无法与人和谐相处。

当命数2者的生日中8的能量过大时,有时会做出溜须拍马的行为,为了达到目的去向他人献媚讨好,过度柔软的做事风格会遭人不屑。

当命数2者的生日中9的能量过大时,会因太在乎别人的需要而失去自我,尤其在感情上,自我想象超过了现实境况,看不到事物真实的层面。

## 命数3：三人行，必有我师

中庸之道的宗旨是天人合一，人性与天性的和谐，在生活中则体现为一种平淡、优雅的君子之道。中庸是人类很难达到的一种"最高美德"，在正与邪、生与死、美与丑、是与非、对与错之间走出第三条路，即恰到好处地处世为人，不争不斗，不喜不厌。提出中庸思想的人是我国的大哲学家孔子。

而孔子就是命数3的人（公历生日公元前551年9月28日）。从历史对孔子的记载中，对孔子的描述与命数3的品行非常吻合：孔子以好学著称，对于各种知识都表现出浓厚的兴趣，因此他多才多艺，知识渊博。孔子学无常师，谁有知识，谁那里有他所不知道的东西，他就拜谁为师，因此说"三人行，必有我师焉"。

孔子生性正直，又主张直道而行。他三十多岁时曾问礼于老子，老子赠言说："聪明深察而近于死者，好议人者也。博辩广大危其身者，发人之恶者也。为人子者毋以有己，为人臣者毋以有己。"这是老子对孔子善意的提醒，也指出了孔子的一些毛病，就是看问题太深刻，讲话太尖锐，不留余地，伤害了一些有地位的人，会给自己带来很大的危险。

从这个角度看，孔子提出的中庸之道也正是他自己需要修为的功课。虽然孔子被世人尊称一代圣贤，但"人非圣贤"这四个字却更接近客观。命数3者的人生使命就是追求一切美好的事物，将灵性与聪明才智运用在表达力上，而诚实的表达正是命数3者的生命课题所在。

道生一，一生二，二生三，三生万象。命数3者的使命就是表达万象之美。

命数的意义是人一生学习的方向，是在人生道路中完善自己的提示。孔子的哲学思想一直为后人顶礼膜拜，但作为个人，他所弘扬的一切美德标准，也是针对他自己的一个学习目标。

## 成功的根本

### 好学

你天性聪敏，对很多事物充满好奇心，每遇到感兴趣的事物，就会充满学习的热情，不耻下问，确实有"三人行，必有我师焉"的精神。你喜爱读书，善于接触新生事物，尤其是对神秘学、宇宙之谜等生命学科，有着深入了解的欲望。这会让你的思维总处在一种"新"的状态，随时会在生命中找到乐趣所在。

### 纯真乐观

无论环境如何世俗，你都能保持一份纯真，生性直率，天真爱玩乐。你没什么心计，最不懂得如何使用阴谋，想什么就做什么，对别人的看法意识很模糊，这一点会让你总是能保持乐观的心态，大有无知者无畏的锐气。

### 创意与想象

聪明的点子时常在你脑子里灵机闪现，别人想不到的，你可能会在被启发的状态下调动出来。你是有创意才能的人，尤其对你非常感兴趣的事，凭着天马行空的想象力和童心，总会冒出出人意料的好主意。

### 表达

让你沉默很难，你有超强的表达欲望，并会用各种形式表达出来。如你看到一副景象很美，你首先想到的是描述出来、用相机拍下来，或者画在纸上。你不会把感受憋在心里独自消化，而是更乐意拿出来表现分享。

### 爱社交

你的生活里不能没有群体，一个失去人际圈子的命数3者是自取灭亡。你喜欢与人打交道，并非有"多个朋友多条路"的目的，而出发点还是"好奇"。当你和各种人接触的时候，其实你是在学习，吸收各种信息，这随时能带给你新的兴趣。

### 艺术爱好者

数字3有发现美的能力，所以你会被艺术吸引，拥有多才多艺的

特点。你不会局限在某一个专业领域并深陷其中，那样只能让你感觉乏味。爱好广泛的你充满灵气，虽然精力过于分散，但刚好会成就你的创造力，这同时也是你的成功方式。

### 机智口才

口才是你的天分，你愿意与人沟通，把自己的想法毫无顾忌地说出来，这也是你性情乐观的通道，你总是很难压抑自己。由于机智风趣，你能很好地组织语言，用说故事的方法表达你的想法，生动形象，给人带去欢乐。假如能把语言天分运用得恰到好处的话，这会是你最大的优势。

## 原·罪

### 皮毛主义

你感兴趣的事很多，也喜欢学习吸收，但因注意力过于分散，持续能力很差，很难去深入其中。就如喜欢占数学的命数3者非常普遍，但真能深刻领悟占数学的命数3者却少之又少。这个特点经常表现为，你的好奇心很容易被调动出来，对一件事物恨不能马上学会，但又没有耐心和信心去探索其深层的意义，只了解个表面文章就急着去跟他人卖弄，结果很可能会给不明所以的人造成误导。

### 话多是非

爱表达是你的长处，但如何恰当表达是你需要学习的课题。你很爱说，有时道听途说的事情，在没消化之前你就急于表达出来，搞得很八卦。过于爱表现，也会造成出口伤人还不自知的状况，只顾自己说个痛快，完全不顾忌他人的感受。

### 自我怀疑

一个人爱强调什么，一定是他缺乏的那部分。当你拍着胸脯告诉别人"我没问题"，并且着重强调"为什么没问题"的时候，其实你心里正在告诉自己："我不行"。你缺乏自信，这主要缘自于你的情绪是感性的，而思维是理性的，感性的你会认为"我很棒",理性的你则始终在衡量自己的欠缺,在对你说"我非常糟糕",两者综合在一起,就让你非常矛盾,所以常常会表现出口不对心。

### 不诚实

命数3的目标就是诚实表达,有中庸之道在其中,但这往往是命数3者最难做到的一点。中庸是很难拿捏的一种和谐,你天性就知道和谐的重要,但对如何把握却做不好。你愿意与人为善,怕得罪人,更不能忍受与他人之间有任何不和谐,但由于你爱表现自己,无法做到沉默和内敛,所以常会因急于引人注意而夸大事实,甚至撒谎(包括抄袭)。这样一来,你生活中的不和谐就此起彼伏了。很可能你自认为天衣无缝,但旁人却一眼看穿,这就会导致聪明反被聪明误的局面。

### 任性

任性是你的另一个敌人。你有孩子般的情绪,变化多端,一时乐在其中,直到乐极生悲,一时悲观逃避,任意胡为。你精力旺盛,可又经常随意消耗,关注的重点都在不切实际当中。例如,你想当演员,一门心思要成为明星,可注意力只在表面的风光上,而不知做个演员也需要多方面的努力,并非"想"就可以的。一旦达不到你的目标,任性之举也就来了,要么嫉妒成功的人,要么表现得尖酸刻薄,引发出性格中爱弄"是非"的一面。

## 深层解读命数3

### 本质:会创意的"儿童"

3这个数字具备一定的灵气,聪明伶俐,多动多变,就像一个刚出生的婴儿,对周遭的一切都有兴趣去了解,去探索。3综合了1的创造力与2的想象力,融会两者之优势能凸显你的才智。

从外在行为上直接判断你与命数3有瓜葛一点都不难:你会有一双灵活

的眼睛，眼神发亮，爱左顾右盼；你随时要表达自己的看法，话匣子一旦打开就滔滔不绝，有机关枪一样的语速；你的年龄不太容易靠外表猜测，因为你看起来总是比实际年龄要小那么几岁；你绝不是沉闷之人，有你的场合总是让人感觉热情洋溢。

你的爱好非常多，一时一变，杂乱无章，随时会被某件事吸引，然后一腔热血地投入进去，一副要深入学习的架势。但你的持久性很差，时常被各种新奇的事情吸引，注意力分散得极快，过期的爱好随时会被你抛弃，或许从此就对它不闻不问。

长辈们对你最头疼的事就是你的没长性。狗熊掰玉米的故事听说过吧，你是掰一路扔一路，什么都知道一点，可什么都不精通。

你对文艺和时尚有相当的敏感度，喜欢一切与自然有关的美，接收新鲜事物的能力很强。你最让人称道的天分就是心灵手巧，总有新奇的点子突然冒出来，这就是你的创意能力。你有着天马行空的想象力和超强的抽象思维，一旦把那些新奇的想法落实出来，很有可能就是与众不同的好点子。

你靠的不是头脑，不是智商，而是灵气，这是最难形容的一种"聪明"。但由于你的精力过度分散，学到的知识又都仅仅是个皮毛，看起来自信满满，可往往心虚，严重缺乏自信，即使有创意也无法落实，而那些无关紧要的琐事却让你忙个不停。

你有纯真的心和活跃的性格，即使到了中年甚至老年，你依旧是个老顽童。你不是拒绝长大，而是天性使然，这一点让你有趣不乏味，只不过负面的问题也很严重，那就是不成熟。

一个性情很孩子气的人是可爱的，既率真又单纯，可假如心智不成熟的话，那就叫幼稚。

## 能量：爱表达的小喇叭

数字3有传播的意义，表达和沟通对命数3者来说是成功与幸福的关键。命数3者的表达力很发达，在写作、绘画、音乐以及传媒等领域都有出色的才华，但假如表达不当的话，就会出现人生的"故障"。

语言能力是你的一大天分，幽默感和笑声更是你的魅力所在。你是众人的开心果，有你在的场合气氛绝对不会沉闷，总能看到你洒脱地挥发你旺盛的精力。

你非常健谈，爱发表自己的看法，喜欢与人沟通聊天，兴致上来会滔滔不绝。你的语速很快，头脑反应灵活，话题也跳跃性很大，从东说到西，从小说到大。看起来你是个伟大的沟通者，表达能力一流，但你习惯支配整个谈话过程，不知道如何倾听别人。

你与人沟通时，最让人难以接受的习惯就是爱随意打断别人的表达，你没有耐心听别人说话，而只顾自己说个不停。因此，千万不要认为话多就是懂得表达与沟通，沟通是输出与反馈相互之间的一种和谐，假如不能倾听别人的话，你很有可能得到一个"肤浅絮叨"的名声。

当你看到某一则新闻或者想到一个观点，最难以克制的冲动就是尽快传播传达给别人，包括小道消息和朋友们之间的传说。你"什么都知道"，生怕自己孤陋寡闻，这种感觉给人的印象就是你无所不知，"我不知道"这句话很难出自你口中。

你有灵敏的听觉和视觉，能快速将你有兴趣的事情牢记在心。比如某位朋友说了一句很有哲理的话，你会现学现卖给另一个朋友，但并不会告之对方"这是我刚听来的"，而是乐意让他人感觉你是个知识渊博的万事通。这种特点会引发一些不良行为，就是抄袭、借鉴、撒谎、夸大事实，如此一来，你那特有的创意天分就被扼杀了，取而代之的是廉价的鹦鹉学舌。

命数3的表达力特别难掌握，尤其是生日中3过多的人，表达过度的习惯往往会令人生厌。3就像一个人从脑到心之后的出口，一旦出口的门太窄，水会放不出来，可要是门太大了，就是洪水，呼地一下涌出能把人淹死。

命数3者的幸福感与表达有直接的关系。假如你能自信地找到自身的价

值，你的表达力自然就会发挥起优势，或许你会成为一个有才情的作家，或许成为一个口才极好的主持人，更或许你会成为一个众人眼里有说服力的玩家。

### 人际：声东击西的"天之骄子"

3是三位一体数，这是个三角型，情绪的流动是跳跃式的，很难控制，不知道什么时候就处在了某一个顶端。某天心情郁闷，情绪就流动到了敏感多虑的数字2上，某天兴致勃勃，情绪又会流动到数字1上，这常令命数3的人显得颇为自以为是。

你并不是个压抑的人，性子直，快人快语，也比较健忘，有点神经大条，更没什么心机，和你相处的人都会被你的简单直接所吸引。和你在一起不用处心积虑地考虑过多的注意事项，谁不乐意与乐天派在一起呢？所以你不会缺朋友，你喜欢与人往来，需要听众，也需要有朋友了解你认识你。你怕寂寞，也不甘于寂寞，对于玩乐你总是很有一套，毕竟喜好众多，你总是很乐意参与其中。

数字3有"天之骄子"这一层含义，你的运气不坏，总能吸引到愿意帮助你的人和雪中送炭般的机遇。除了处世简单之外，你的灵气也总能跳出来为你指引方向，你需要靠自然的力量来帮自己的忙，也就是跟着感觉走，并不用算计着小心前行。但要注意的是，有时候你的情绪化会破坏掉你的灵气。心情低落的时候，最大的敌人就潜伏在你的身体里，这时候的你会变得很敏感，很顽固，而且看什么都不顺眼，甚至会把负能量投射到别人身上，说三道四，得理不饶人。

在人际关系上，你给人的第一印象大致不错，但要注意管好你的嘴。你很耿直，不擅长掩饰自己的好恶，有时冷不丁就说出一句让人不舒服的话，又或者急着卖弄你刚学来的知识，爱夸大事实，这些举动可能都会招致周遭同事和朋友的不满。

与人互动时，你很矛盾，表面上乐观自信，爱说爱笑，实际上内心又充满了自卑感，和对自己不认可。即使和人聊到山南海北，也很少去说自己的事，总是借别人的乐子逃避自己的问题。这种"声东击西"导致周围的人无法真正地与你沟通，更无法如你希望的那样，让自己被人了解和理解，反而会给人留下做作的印象。

往往，你会得到两种极端的评价，一种是觉得你很可爱，欣赏你的聪明才智，另一种是看不惯你的人，会认为你不真实。

性格爽直是个优点，没有人会对单纯的人有异议，但一定要真实。真实的人不管有什么样的缺点，都会更容易被包容和体谅。

## 感情：无理取闹的任性小孩

命数3的孩童气是既可爱又可气，可爱起来率真好相处，可气起来，那种无理的任性取闹又让人无可奈何。往往，你把可爱的一面留给了保持距离的人，而把可气的一面施展给了亲近的人。

你是个真诚而认真的恋人，一旦爱上某个人就会全心全意投入进去，并且相当执著。3是阳性数，处在主动、主导的位置，任何一个属于男性的数字（奇数）都必定有"以我为中心"的意识。

命数3表现在自我方面仍旧是孩子的状态，一边依恋对方忠心耿耿，一边又有诸多不满。不满来自于要求过高，比如说，开始凭冲动和热情喜欢上对方，他（她）的一切你都无条件地认可，但在相处过程中，你越来越敏感，需要被赞美，被关注，很怕片刻的冷落。你常会主观地去揣测对方的态度，一旦得不到赞美和关注，就会找借口引起冲突，也许言语刺耳，也许虚张声势，大不了用发脾气撒泼释放不满。

命数3的你，情绪变化无常，心情好的时候和心情糟糕的时候完全是两个不同的人。当你任性的时候，有一种毁灭性的"魄力"，完全不考虑后果，更不考虑别人的感受。这就像被宠坏的孩子，越有人哄越会无理取闹。

任性的原因虽然五花八门，可最致命的一点就是没有被关注。小孩子

很小就懂得如何让大人关注自己，哭闹也是一种引起别人注意的方式。有的小朋友东西掉地下会哭，东西不好吃也会哭，无非就是告诉大人，"我要你们记得我的存在"。命数3就有类似的特点，特别怕被忽略，很需要在感情中被肯定，因为你是靠外界的认可来寻求情感安全，而不是从自己的内心寻找安全。一旦伴侣的态度稍微有偏差的话，对你来说，就意味着"我被否定了"，于是你的任性就肆无忌惮地爆发了。

你很浪漫，对自然的缘分相当向往，但又经常衡量现实问题，搞得自己很乱。举个例子，你爱上了一个艺术家，你欣赏与众不同的人，可当与对方相处后，又会调动出你对物质的需求，考虑的都是现实问题，这又会与你选择的人相冲突。所以，假如你要LV包包，就不该找艺术家谈恋爱。

在情感方面你不成熟，幼稚是命数3的致命伤。选择一个比你成熟的人，既欣赏你，又如父亲母亲那样包容你，这才是你需要的安全感。男女之间的情感并不复杂，不需要技巧，只要具备选择的能力，你的坏脾气，你的任性，你的无理取闹，这些负面能量都会被降到最低。

### 数字之间的"化学反应"

当命数3者的生日中1能量过大时，要注意过分乐观这个现象，以避免乐极生悲，太爱表现而不够实在。

当命数3者的生日中2能量过大时，为人会非常感性和情绪化，反而失去了3的乐观。

当命数3者的生日中4能量过大时，容易悲观，爱钻牛角尖，常常哪有死胡同往哪去。

当命数3者的生日中5能量过大时，因3和5都是变动数字，会表现为接受能力强，同时也会加强其性格中变化无常的特点，好奇心重，相当爱玩乐，晚熟。

　　当命数3者的生日中6能量过大时，为人会十分热心，爱关注八卦是非，爱批判别人，也爱用幼稚的言论劝导别人。

　　当命数3者的生日中7能量过大时，灵气更足，但会怀疑自己的分析和直觉，无法信任自己的判断，并往往过于关注事物的阴暗面。

　　当命数3者的生日中8能量过大时，能快速从挫折中振作，爱用语言操纵别人，但要留意自己投机取巧的行为。

　　当命数3者的生日中9能量过大时，会盲从一些新生事物，喜欢放大想象，尤其是爱逃避现实。

## 命数4：有非凡志向，才有非凡成就

"有非凡志向，才有非凡成就。"这句话来自世界首富比尔·盖茨。之所以用比尔·盖茨做命数4的榜样，是因为他就是命数4的人（生于1955年10月28日）。

比尔·盖茨是一个商业天才，13岁开始编程，并预言自己将在25岁时成为百万富翁。他有一个幸福的家庭，父母完全支持他的选择（命数4的人拥有和谐家庭是其成功的关键一步）。大学三年级时毅然离开哈佛大学，投入到和好友一起创办的微软公司当中。1975年计算机在全世界还没有普及，他的卓越远见就帮他树立了"非凡志向"。但仅有志向还不够，"成功开始于想法，但是，只有这样的想法，却没有付出行动，还是不可能成功"。这句话刚好就体现了命数4的执行力，他主张立竿见影，说干就干，并坚持到底。

连续35年，比尔·盖茨始终列于世界首富的位置，也从未更换过职业，这便是命数4的持续力。他在53岁时又毅然选择了光荣退休，并把大部分资产捐献给了慈善基金。比尔·盖茨是慈善家，迄今为止已经为全世界的慈善机构捐款290亿美元，而他自己的生活却以简朴著称。

从比尔·盖茨身上，可以看到命数4的人生方向：先有志向建立信念，然后立即执行，再善用天赋分析力和管理能力，当达到目标时，金钱已经成为一个美妙的工具，可以去帮助更多的人。

命数4不允许有任何投机之心，必须一步一个脚印地靠实干往前走。尽管一路上危机四伏，但你每攻克一个困难，就离成功又近了一步。

### 成功的根本

**务实**

你有白手起家的能力，这完全来自务实的心态。当一个人肚子饿的时候，根本没有任何精力和能力去做自己喜欢的事，甚至人在没达到温饱的阶段，精神会被摧毁，会扭曲。你的本能就是先解决最基本的生活问题，然后才会想下一步，所以你的人生总能从现实出发。

### 重秩序

你很怕混乱，不论事业还是生活，必须有条理，按部就班。你是一个有规则的人，总是先学会走，然后才学着跑起来，然后才学着飞翔。一旦位置错乱，你的生活节奏就会"跑调"，让你感到失去安全感和重心。所以，不管别人怎么看，你自己适合的方式就是慢工出细活，对任何目标都是有计划地一点点去完成，任何操之过急都会阻碍你走向成功。

### 踏实可靠

你有种美德就是要做自己有把握的事，从而给人一种信赖感，你从不会随口为了面子或其他目的去忽悠别人。你做事很踏实，一心一意，即使有一堆的爱好在旁边分散注意力，但归根结底，你的大方向还是集中在重要的主业上，其他那些喜好反而都会成为辅助力量。

### 组织力

你有神奇的善于组织的能力，即使你刚到一个公司，只要分配给你重任，你就能合理地运用人才，并将他们凝聚到一起。你就像一个坚实稳固的桥梁，无论在哪个环境都能成为中坚力量，协调着整个局面的发展。

### 持久力

你具备坚持的恒心，为了生存和成功，你可以去做别人认为不值得的事。尤其是当别人还像无头苍蝇时，你依然会很清楚自己要什么。为了自己想得到的一切，你什么都能忍耐坚持，并全心全力投入进去，直到实现目标。

### 执行力

光说不练是你最难接受的处世方式，你有一种急躁体现在行动力上，这刚好会带动你"说了就干"的执行力。你不达目的不罢休，想到某个计划就会立即执行，同时你也希望身边的人和你一样，所以执行力会让你成为团体里最有说服力的人，并且能始终坚持你想要的目

标，脚踏实地去努力。

### 朴实厚道

你做人有自己的原则，一是一，二是二，没有模棱两可的态度。这一点会给你带来好口碑，浮夸不实的行为与你无缘，所以当别人评价你时，总会联系上"老实人"或者"可靠的人"这样的评价。

### 重视细节

你看问题是看细节，这与你头脑的精密分析力过强有关，你很清楚任何事都是从"小"看"大"，因此，你的觉察能力都来自细节观察。假如一个人信誓旦旦地与你合作，不论吹得多大，你都能从细节入手分析出其利弊与可行度，这一点会让你不容易受骗。

### 家庭稳定

家庭的和谐稳定是你成功的必备基础，一旦家庭关系危机四伏，最能成为让你人生动荡的因素。可以说，家庭的力量决定了你的奋斗动力，决定了你人生的成败。

## 原罪

### 保守顽固

因害怕改变带来的不安全感，你很不喜欢变动，这往往会造成你不知变通，不敢尝试新的方向，永远都走在老路上，即使走不通，也还是要坚持。传统的人能保持美德，但假如思维过分保守的话，那就很难跟上时代的脚步，从而拒绝接受新事物，拒绝别人的新观念，久而久之，你就成了老顽固。

### 吝啬

你有面对现实的能力，但这个度也要把握合适，不能把务实心用力过猛到一切向钱看的地步。钱少的时候你吝啬算计，生怕别人占你便宜，钱多的时候你又怕花完了怎么办？过于务实只能让你局限在省吃俭用的生活水准上，而且根本赚不到钱。大家都知道金钱是创造出来的，需要流通，没听说过某人的财富是攒出来的。所以，你越是怕没有钱，可能就真的没有了。

己，而总是先把心里的门关上，然后愤怒回击。

## 心胸狭窄

你非常抵触别人的批评，尤其是直接的建议，你很难接受，这常会造成你很激烈的反应。你习惯防御任何对你不利的因素，包括人，这都是造成不安全感的关键所在。心胸狭窄是你的致命伤，你纠缠细节，忽略大局，只接收对自己有利的信息，而无法接受任何不利因子。当听到反对言论的时候，你很难去思考为什么别人会这样看自

## 缺乏安全感

你的安全感是一个四方的盒子，所有的原罪都产生在这个盒子里，见棱见角，里面没有圆，只有角落。为了安全你会把这盒子当作监狱，把自己反锁在里面成为囚犯，即使角落里布满了垃圾灰尘，你也不想改变。没安全感的你，不信任外面的世界，宁可躲避在"监狱"里虚耗人生，这就是最悲惨的命数4。

## 深层解读命数4：

### 本质：重视次序的求生者

安全感是命数4者一生关心的重点，人生的动力与阻力同样因安全而生，所以命数4的人做事谨慎，小心翼翼，遵守自我秩序，既有章法，又显得古板，但这也是命数4步步为营的特有方式。

西方有句著名的谚语，"机会总是留给有准备的头脑"，这句话针对数字4的人来说再合适不过。

你做事的方式就是一切要在准备妥当的情况下才会行动，这就让你看起来比较沉得住气。假如把你比喻成战场上的战士，你并不是冲在最前面的那个勇士，你总是先要检查好身上的弹药是否充足，所处的位置是否有利，敌人离你还有多少米的距离，这些你都会快速地计算出来。在

战友冲锋陷阵的时候，你会将自己埋伏好伺机而行。这并不代表你是个胆小鬼，你只是想通过周密的防御，既能保全自己的性命，又能稳准地消灭敌人。

你的人生准则永远离不开"安全"二字，这既是动力也是你幸福的来源。为了时刻保全生活的安全性，你很务实，懂得生存的根本离不开物质的稳定，假如给你一段只有名誉但居无定所的日子，你很可能会惊恐度日，惶惶不安。你是个重视实有的人，相信物质的丰富能给自己和家人带来稳定感，所以你是可靠的、有责任的，而且不喜欢讲空话，总是老老实实地去执行自己的计划。

你是个出色的组织管理者，有能力将混乱的次序整合得有条有理，并且努力工作，不懒惰，这一点会让你在各个领域得到认可。你有一种坚持的力量，靠的是理性的思考方式，精密的计算头脑，以及稳扎稳打的处世作风。一旦认准了要走的路，就会持续到底，轻易不会有所变动，尤其在职业的选择上。当然，这也会带来诸多不利，比如你会死守某一份工作而不愿变通，这往往会造成过度依赖经验，固步自封，一边不满着环境和待遇，一边又下不了决心离开以改变这一切。

你给自己设置了不少条条框框，你的理由总与一些所谓的常规标准有关，比如，20岁的时候我应该如何，30岁的时候假如还没有结婚，那是不正常的，40岁要是还没有事业成功，那是叫人沮丧的，等等。你头脑里存在太多的限制，都与"次序"这两个字有关。自我次序一旦打乱，你就会对自己的能力持有怀疑的态度，这是最束缚你手脚的东西。

## 能量：警觉的精算师

人的思考模式有两种不同的倾向，一种喜欢沉浸在"虚有"当中，虚有的人是梦想家，逃避现实，而另一种不相信梦能给自己带来什么"好处"，因此会比别人更加看重"实有"。命数4者的天赋之一就是观念实际。

## 第三章
### 生日是隐形的向导

安全的建立对你来说会激发出无穷的能量，这是你走向顺利的前提。

你安全的基础是从家庭开始的，家人的爱与支持对你来说是个强而有力的定心丸。假如你出生在一个爱心匮乏或父母终日为钱担忧的混乱家庭，你的安全感生来就非常低，这直接会给你成年以后带来诸多障碍，如恐惧贫穷，在钱的方面吝啬，以及把安全感寄托在别人身上，对未来有莫名的担忧。而假如你从父母那里就获得了爱与物质的安定，那么成年后你稳健踏实的优势就会顺势发挥出来，也少了很多不必要的谨小慎微。所以，你的第一步非常重要，这是你的根基，就像盖房子，地基打得坚固，房子才能够坚实可靠，这样才能满足你心理上的安全需求。

危机意识是你本能的一种警觉，毕竟你所有的出发点都来自"这样做是否安全"。开车的时候，你很怕走陌生的路线，总是要选择你熟悉的，不然会感觉不踏实；出门在外，钱一定要带充足，不然一路上你都在担心"万一不够怎么办""万一开销超预算怎么办"；朋友求你办事，什么事都可以帮忙，但唯独很警惕借钱，一旦碍于面子答应了，你后面的日子可就围绕着"怎么不还我钱"开始了。不安全感带来的算计让你看起来是有点"小气"，你的软肋就是生活里随时都有不安全因素，所以要处处提防。

你的人生之路从一开始就是缓慢前行，你小心谨慎地计划着，按设想的次序去完成每一步，尽可能地按部就班。你并不相信天上会掉馅饼这样的好事，即使真的有馅饼从天而降也会吓坏你，"这馅饼会不会有毒啊？"这会让你琢磨上好几天。

思维上的保守也会造成你的开创精神不足。当某件事需要你冒险才能有收获的时候，尽管你有能力完成，可盘算了一圈后，种种"危险"的可能性被你怀疑了个遍，最后不安全感还是占了上风，于是你最终还是决定放弃。

第一次对你相当重要，这是你运气的开端，好与坏、走运与背运都与第一次有关。命数4者是实干家，是工作狂，只要出师得力，并得到物质回报，后面的路都可以稳定地走下去。

## 人际：诚实朴实的老顽固

命数4者是忠诚的朋友，有一种朴实的味道，很值得人信赖。只不过，命数4在人际方面同样是把安全放在第一位，并不接受让他们产生不安全感的人。哪怕是从小玩到大的伙伴，一旦发现对方不可信，命数4者可以当即放弃。

你生活里一见如故的朋友并不少，开始时会很诚恳地欣赏对方，也会热情地把关系搞得很亲近，像是老相识一样。但你的道德感非常重，有自己的一套准则，某个朋友一旦出现了让你难以接受的行为，你会立即从热情降为疏远。

你很自律，有做人的要求，也会把这些要求当成衡量朋友的标准。比如说，你非常看重一个人为人是否实在，当你某次发现此人满口大话爱吹牛的时候，突然你就会感觉很反感这个人，哪怕之前你们称兄道弟，此时你也会毅然决定以后不再跟他有什么往来。也许那位朋友只是一时的爱面子心理作怪，并非想伤害谁，但这依旧会让你很不爽，会触动你心中的道德准则，从而你会直接怀疑此人的人品是不是有问题。你爱吹毛求疵，纠缠细节，是非分明，有严重的完美主义，所以在别人眼里，你缺乏弹性，也比较死板。

你认识的人可不少，多数都是过客，但只要是你认可的朋友，关系就会很牢固，且都是在交往过程中接受过你检阅过的人。在你的世界里，朋友不是嘴上说说而已，那是值得信赖的至交。对这样的人，你感到非常安全，从不设防，出手也比较大方，忠诚而懂得欣赏对方，并且实实在在地乐意为对方做任何事。但对你来说，大多数人都不太可交，都有这样那样的毛病，即使面和心也不和，对他们你总有不满意之处。尤其是那种爱给你提意见的人，最能激怒你。

你固执起来完全不通融，说话硬邦邦，把心门关得紧紧的，相当气人。其实性情固执的人不只有命数4者，几乎每个数字都有固执的特点，而命数4的固执主要是来自防卫意识。假如有人说"你这人不听劝早晚要吃亏"，命数4者首先条件反射的是"我比你清楚，用得着你指点我吗"，但这话你不会说出口，而会找很多理由去抗拒对方的建议。

## 感情：笨嘴的行动派恋人

命数4者的感情也是实际的、保守的，并非花里胡哨之人，假如能叫命数4的人移情别恋，没别的，一定是对面那个人出了大问题。

不管怎么说，你还是属于有点羞涩的人，尤其在陌生人面前多少有点放不开，除非工作需要你释放表现欲。小沈阳在舞台上、影视剧里，比谁都能耍得开，可这个命数4的笑星私下很"内向"和居家，安静得很，这就是命数4特有的"稳"。

在感情中也一样，你是个有责任心、可靠的伴侣，并且相当传统。你从小对家庭稳定就有自己的渴望，择偶标准也是从安全出发，这个人是否像家人一样值得信赖，是你考虑的前提。一旦认准了就不容易动摇，只想尽快成家相守在一起。

你最不擅长的就是甜言蜜语，也不太懂得如何取悦异性。喜欢一个人时，你的表现就是实际行动，会毫无怨言地为对方做这个做那个。你打动恋人的方式很难与表面的浪漫有关，比如花费财力脑力制造惊喜，在你这里，与其搞那些不实惠的花样，还不如为心爱的人做顿饭更能表达爱意。

你对伴侣有责任感，但责任感有时也会与爱相混淆。例如，如果两人关系中出现不和谐的因素，往往你想的会是"我应该"，而不是"我需要"，同时你也会把这种"应该"强加到伴侣的身上，希望对方也如你一样处处有准则。你的责任感付出越多，难免越会形成操纵控制，这不仅会给别人造成压力，更会让你自己也喘不上气来。

实际与安全是你时刻要考虑的条件，若内心的安全感不够的话，会导致与你的需求相反的事件，如花心。这并非是你想要的，你也并没有招蜂引蝶的兴致，但心理的不安全感会让你本能地四处寻找安全感，以此获得些暂时的温暖。

"家和万事兴"对你来说相当重要。当你有一个好丈夫好妻子好恋人的时候，你整个运气都在往好的趋势发展。相反，假如你选择了让你感觉不安全的人，那么你的运气也会相对地走下坡路。

## 数字之间的"化学反应"

当命数4者生日中1能量过大时，容易轻信他人，你创业的雄心很大，要小心奉承带来的闪失。

当命数4者生日中2能量过大时，容易太过紧张，对大局把握不足，过于计较细节上的问题，情绪非常敏感。

当命数4者生日中3能量过大时，最需要注意的就是无耐心造成的半途而废，这是命数4的大忌。

当命数4者生日中5能量过大时，会粗心大意，不切实际，惰性强，可又相当缺乏物质安全感，这会给你带来很不安的情绪。

当命数4者生日中6能量过大时，道德感会过强，对与错是非分明，很难接纳自己和别人，容易造成与人无法沟通的情况。

当命数4者生日中7能量过大时，会拥有精密的分析能力，理性和疑心更重，但也更适合研究工作。

当命数4者生日中8能量过大时，最突出的特点就是爱钱，有生意头脑，物质欲望会是你无法回避的人生动力。

当命数4者生日中9能量过大时，你的幻想力会阻碍务实心，容易逃避内心的真实需要。

## 命数5：只为"逍遥游"

近几年随着《秘密》一书的风行，西方人对宇宙的看法也开始广为流传，但无论那些睿智的老外们如何站在超我的角度看待万物，不过都是在庄子之后拾人牙慧。庄子于千年前就提出了宇宙与人的关系，他认为是道给了我们形貌，天给予了我们形体，我们要做的只是不要因为好恶而损害自己的本性。他以人的完整生命为起点，来思考"人应当度过一个怎样的生活旅程"这个基本的生命课题。这也是道家的生命哲学，庄子的《逍遥游》为"自由"一词奠定了思想基础。

世人对庄子的评价都大体如下："生活贫穷困顿，却鄙弃荣华富贵、权势名利，力图在乱世保持独立的人格，追求逍遥无待的精神自由。"庄子的确切生日无从查找，但他的精神与命数5是如此的吻合。从资料记载看，庄子正直、率性，对现实世界有着强烈的爱与恨，与世无争并非他修身养性的结果，而是天性就不愿受任何非自然力量的限制。有人研究庄子学习庄子，但假如天性不具备自由精神的话，说教过多就成伪，凭空谈论精神自由，结果只会是"口说无凭"。

读庄子的文章会感受到他丰富的想象力，他喜欢生动地打比喻，充满幽默地讽刺，在无规则当中形成自己独特的语言风格，这也是命数5的特征。"泉涸，鱼相与处于陆，相呴以湿，相濡以沫，不若相忘于江湖。"泉水干了，鱼被困在陆地之上，互相吹鳃上的水泡，互相泼残存的泉水；这种情况固然很感人，但是还不如在江湖之中畅游，忘记对方的存在。这是一种追求自由的思想体现，也是命数5的追求。

自由也就是自然，与宇宙合一，顺从天道，顺其自然，而不是任性散漫。命数5的人恐惧压力，而压力往往也是自己给自己带来的业障。实现身心自由是一种极高的心智功力，也就是能随心所欲地掌控自己的人生。

有人说，自由的概念就似太极，一面是为所欲为的阳，一面是自律和他律的阴，阴阳结合，相互转化和制约才是真正的自由。这正是命数5毕生的学习方向。

## 成功的根本

### 冒险精神

你无法忍受一成不变的生活，包括乏味的、无趣的、落后的、保守的、所有与"陈旧"相关的事物。你敢于冒险，敢于放弃重组，也许你正从事着别人羡慕的职业，可当有一天你厌烦的时候，你能当机立断离开去寻求新的挑战。

你有难得的勇气，没有过多的衡量和游离，只要想到了，就能立竿见影，但前提是兴趣大于目的。目的无法叫你冒险，只有高昂的兴趣才能调动出你那绝佳的勇气。

### 坚持自我

你很难被别人的观念干扰，即使有时也在乎别人的看法，但当你想清楚自己的需要时，即使无数人反对，你也依然能坚持自己。这种坚持是一种方向感，不论对错，你要的是自己来掌握方向，走的是自己的路，而不是他人的。也许你的方式没有一定的规则，可未必就不可实现。

能坚持自己的人，是有立场的人，也是有主见的人。

### 多才多艺

新奇的事物会吸引你的眼光，你的探索心很强烈，一旦对某件事产生浓厚的兴趣就会深入其中。你寻求知识的力量，使你能适应各种角色，甚至可以在跨度很大的不同职业之间游刃有余。如你是个厨子，可也许有一天你就成了木匠，转变得完全不突兀和勉强，也可以在这两个身份之间从容周旋。这除了和天赋中潜伏的能量有关，再有就是因为你敢于突破自己。

### 传播者

你喉咙发达（喉咙对应的即数字5），善于演说，说服力极强。尽管命数3和5都是善于表达的人，但这其中有很大区别：命数3重点是在情绪表达，方式是感性的直接的，注意力是外界对自己的关注；而命数5的表达在于自身的完整，注意力是从自己的经验出发，由心释放出来的沟通。所以，命数5的人在表达上更具备说服力，他们的表达生动形象，能给意志不坚的人增加力量。

## 随遇而安

当别人都在追求名利时，你的欲望却不在世俗标准内，财富和地位不是你的梦想，精彩地过当下的生活才是你需要的"成功"。人生阅历的精彩对你来说，比家财万贯更有成就感。然而，一旦能够拥有丰富的经验，名利或许个请自到。适合你的方式就是随性自然、顺势而为。

## 实现自由

当你能随意掌握自己的心时，你会发现烦恼、困难、挫折、悲伤都是必要的人生课题，面对它们你只有接纳。在任何状态下，你都有主宰自己的能力。大道无为，不妄为，是命数5最理想的境界。

原 罪

## 逃避

命数5最大的恐惧就是压力，但生活中压力无所不在，逃避压力只能叫你无处藏身。你讨厌一成不变，你不喜欢规则束缚，可假如你不接纳压力的话，命运就会捉弄你，让你一边心猿意马，一边烦恼不堪。而逃避的后果就是运气形成恶性循环，你想摆脱压力，可更大的压力却接踵而来。

## 惰性

你缺乏责任心，而责任对你来说也是压力之一，于是转化到行动上就是惰性。当负面能量较强时，你即使在生活最窘困的阶段，依旧懒惰成性，不愿意工作，不愿意付出辛勤，把难题抛给家人或最亲近的人，让他们来承担你应负的责任。

## 善变

由于你跳跃型的喜好和思维，加之不负责任的行为，会造成你善变的倾向。三天打鱼两天晒网，完全没有持续性。你某天喜欢上种花，你会把所有的精力都放在学习种花上，可没多久你又被酿酒吸引，于是你马上扔掉所有的花，又投入到酿酒上。你就是这样变来变去，浪费资源，看似忙忙碌碌，最后一无所成。

**虚浮**

你有语言的优势，表达能力强的人往往有影响他人的磁场，只不过，假如你的观点偏激，思维消极，就会给他人造成误导。愚蠢是命数5最可怕的敌人，一个没有觉知并自以为无所不通的人，给人的印象就是浮夸而滑稽的。

**偏执**

几乎每个数在低层能量阶段都有偏执的问题，命数5的偏执来自过度坚持自己的主见，那种宁死不屈的强硬会让你头破血流。偏执的人不通融，抵触所有的反面意见，只不过，任何坚持的前提都应该是自己拥有正确的观点。

**冲动**

有句话叫冲动是魔鬼，你刚好有此类魔性。你有散漫泛滥的毛病，情绪化非常严重，完全随性而不顾全大局。想得到什么恨不能立即实现，想说什么马上要脱口而出，一时间的冲动会给你带来错误的选择，或者无意中就搬弄了是非。学会深思熟虑是你需要修炼的课题，没有规矩不成方圆，人不能随意到这个地步。

深层解读命数5：

**本质：寻求自由的"折腾家"**

命数5更具备"人"的天性需求，就是随心所欲做自己。命数5就像能72变的孙悟空，怕约束，也无视纪律，随时可以变成另一个人，可无论如何不羁，都难逃出如来佛的手掌心，而这个"如来"也是你自己。

你是心智比较高的人，有自己的想法，很在乎"我喜欢什么"，而不是参照"别人在喜欢什么"。你具备数字2的感受力和数字3的跳跃性，所以你有多才多艺的潜能，只要某件事调动出你那旺盛的好奇心，你就会奋不顾身地投入进去，没有任何理由，只有"我喜欢"。但当你不喜欢之后，也会干脆利落地置之不理，同样也没有任何留恋。新的兴趣点随时在召唤你进入进出，所以你的人生起伏跌宕，折腾来折腾去，没个尽头。

你的挑战非常多，一辈子都在迎接新的挑战当中，职业的变换也是突如其来的，只要你感应到的都会尝试去做。很多人认为一个人做事没有长性是一种性格缺陷，但这个问题要因人而异去看。有的人靠技能吃饭，一招鲜吃遍天，紧守着看家本领以确保生活的稳定性，而你必须在体验不同的事中寻找自我价值，同时也在探索的过程中找到最适合自己的那条路。命数5要的不是稳定，而是多姿多彩的人生经验。

你算是情商型的人，可以按心意去主宰自己。人人都知道用心去做事会得到收获，而这个用"心"的能力并不是人人具备。你总是期待着"我心中怎么想就去怎么做"，你要的就是这样的自由。可这话说起来简单，做起来相当有难度，毕竟大多数事情由不得你。你喜欢玩游戏，可这无法成为你生存的手段；你喜欢当医生，可你的职业偏偏不是医生；你想云游四方，可银行卡里没有足够的盘缠……这一切都会叫你感觉到"不自由"。

你只能挣扎在"我要"与"我不要"之间，经常会有极端行为，以此反抗你得不到的人生。要么懒惰成性，依赖别人，要么就玩世不恭，散漫放任。你往往忽略了一个重要的因素：真的想自由吗？先问问你自己是否够独立，不管物质上还是精神上。若还没有达到独立的能力，自然你想做什么都做不到。

学会真正的独立才是你进退自由的第一步，而你获得独立的途径就是施展你那旺盛的精力，从变化的人生当中得到启发。

## 能量：不按常理出牌的变色龙

命数4是有次序有规矩的人，而命数5刚好相反，既无次序也无规矩，讨厌任何限制，这是你命里的紧箍咒。

从小你就不喜欢规则束缚，父母的管教，老师的要求，学校的纪律，

这都会让你心生抗拒。成年后走入社会，约束你的条条框框也越来越多，这些标准与规则时常会让你心烦意乱。

你最大的梦想就是能随心所欲地安排自己的生活，不用上班，想做什么就做什么。朝九晚五的打工族生活对你来说是种痛苦，每天早出晚归，还要被上司管理着，被一堆规矩束缚着，这叫你苦不堪言。对你来说，按部就班的生活等于行尸走肉一般，了无生趣。

有个老动画片叫《等明天》，说的是一只猴子被暴雨淋得浑身发抖，于是他发誓赌咒"我明天一定造一座房子"。太阳出来了，猴子玩性大发，唉，这么好的天气何不好好玩儿玩儿呢，房子等明天再盖吧。每天都是如此，猴子给自己很多借口"等明天"，结果在下一次暴雨来临的时候，猴子依然过着狼狈不堪的日子。你就是那只"等明天"的猴子，惰性很强，一点都不勤劳，今天的事拖明天做，明天的事拖后天做，总有很多借口逃避现状。

你有个矛盾面，内心向往潇洒独立，可依赖性却很强，你既不喜欢赚钱又很爱花钱，爱好还特别多，喜欢的东西都是高品质，眼高手又低。

你不懂得如何规划自己，虽然乐意打破规则常理，但行动的方法是情绪化的，太过随性，不安分令你时常有戏剧化的经历。你怕压力，任何压力都是你的牢笼，会限制你的创造力。例如，明明你面对考试胸有成竹，这时候假如父母一再叮嘱：你必须考好，我们的期待都在你身上。——完了，这句话成了你一大压力，马上会有逆反心理产生，连自信也没了，而且还会把考试当作最反感的事。这压力就是你所恐惧的限制，也会成为你不负责任的理由。

当你有不靠谱的举动时，除了说明某些方面给你施加了压力，但同时这也来自你有擅长伪装的能力。你的伪装并非恶意，只因你恐惧平凡，在你的意识里，把自己看得很高很大，就像一个公众人物（尤其在你不起眼的阶段）。比如你非常想当电脑高手，当然也擅长那么两下子，于是你就给自己编织了一个假想的外衣，经常会对不了解你的人自称"我是黑客"。这是你的一种虚荣心，以此来遮掩"我不是黑客"的事实。而虚荣心的根源是对自我严重缺乏自信，你的泡泡糖吹得越大，压力也就来得越猛，这会叫你的生活混乱一片。

你就是个变色龙，忽红忽绿，除非你具备真材实料，在各种角色中玩儿得游刃有余，这会得到艺高人胆大的称赞。而到了这个阶段，你或许真的成了公众人物。

## ｜人际：怕承诺的主见者

命数5的人并不喜欢与人对立，基本上都是给人印象不错，但对方随后就会发现，其实你对人是比较苛刻的，这完全取决于"缘分"。

你不是个社交高手，甚至可以说，你是封闭的人，并不喜欢四处结交朋友。但在人生当中你会与各种人结识，这完全取决于你的经历，在某个场景当中你会对周围的人产生探索的欲望。哪怕你是个极其清高的知识分子，在旅途中你亦有可能会与朋克青年或者农民工相识。这些人不会成为你的朋友，但他们会是你生命中重要的过客。他们的出现能启发你对生命的感悟，而你的经验和阅历并非来自书本，很多时候靠的就是从自身阅历和周遭见闻中获得的经验。

你很有主心骨，这是来自数字5特有的心力能量，所以被你吸引来的人多半都是缺乏心力的人，他们跟你在一起会获得信念和方向感。即便是你自己遇到了麻烦，正不知进退，但对于别人的迷惑仍然时常有灵光乍现的说服力。

你好恶分明，"我喜欢"与"我不喜欢"界限清晰，这就会让你看起来立场鲜明，有自己的态度。你并不严肃，而是个幽默的人，模仿能力很强，口才出色，这是你的魅力所在。

你的顽固也是出了名的，主要来自你"不喜欢的事"，不论这件事有多大的好处，你一旦不认可，不接受，甚至连好奇心都勾不起来的话，就会坚决抵抗，刀枪不入。相反，遇到你认为值得称颂的事情，反而会着重到处游说，也会强加于人。比如说，一个命数5的人经常对人大谈佛教的好

处，对方越是表示没有兴趣，此人就越要苦口婆心地说服。即使本来是比较安静的一个人，在这个话题上也就突然变得爱说教、滔滔不绝起来。这不免让听者心生厌烦，恨不能逃之夭夭。

你所认为的压力有太多种，对你太关心是压力，对你冷淡也是压力，尽管你喜欢标榜自由万岁，可你做不到拿得起放得下，不知如何平衡压力与自由之间的关系。你明明不喜欢和一群人去聚会，但又拉不下脸来让别人扫兴，于是你会委曲求全答应下来（数字2的配合）；但等到了那一天，你有可能还是坚持了自己心的选择，干脆就不去了，彻底逃避（数字3的多变）。

被动的承诺，都会成为千斤重担，给你制造出诸多的不自由。其实，自由完全任你自己掌控，与别人无关，假如你真的认定"我不喜欢"的话，敢于拒绝没什么大不了。

### 感情：冒险家的爱情

命数5的人爱情带有冒险性质，也就是说，与普遍性的恋爱婚姻模式有所不同，你更乐意接受挑战与打破常规。只是，命数5的人常常混淆"自由与规范"的关系，也难以把握"独立与依赖"之间的平衡。

有个成语叫"心心相印"，靠心念寻找伴侣的人自然不会去盲目地顺从父母的期许，在这一点上你有自己的坚持。你不在乎外界的看法，或许越是有人反对，你越要坚持到底。在择偶方面，立场与主见给予你很大的帮助，这会叫你少了许多违心之举。父母不同意就放弃，朋友不看好就动摇，这些都很难出现在你身上。在感情上你只信任自己的选择，即使错都错得心甘情愿。

在寻找爱的时候，渴望自由的你，一旦进入探索阶段，便会出现放任的现象，荷尔蒙旺盛，像个无头苍蝇乱飞乱撞。失恋与恋爱是家常便饭，你可以很认真，也可以很不认真，这完全取决于当时你的心处在什么样的状态。假如你很想有个家，可又把婚姻当作枷锁，恐惧被家庭责任束缚住，这样的矛盾只能说明——你还没有准备好，你还没有遇到合适的人，你对爱的理解还没有成熟。

你的成熟不是来自年龄，而是来自经验。无头苍蝇的经历恰好是你走向成熟的必经之路。当你爱上一个人的时候，会在短期内为对方改变，甚至表现出迎合的举动。例如，你习惯不修边幅，但为了喜欢的人，却会努力地改变自己以投其所好；你不喜欢做饭，可你喜欢的人要求你擅长烹饪，你就会为了他学习一切美食知识……但这情形你坚持不了多久，就会感到厌倦，毕竟这不是真实的你，而是"表现"，是假的。你会感到极大的压抑和不满。但也许下一段感情依旧有这样的状况发生。于是，在这种迎合和厌倦中，你的经验产生了，你逐渐清楚"我要的不是要求我改变的人，而是给予我自由的人"。

即使有观念保守的命数5之人早早地结婚生子，毫无特别经历可言，半路也会出现不可预料的激情故事。因为如果你那旺盛的好奇心与探索欲还没有施展过，难免会在未来的路途中弥补寻求经验这一课。

命数5的人在相处时需要独立空间，即使走入婚姻也必须有自己的世界。一旦形成依赖的状态，彼此都会受到很大局限，创造力全无，生活散漫，运气也会随之走入负面阶段。你需要避免的是肤浅的关系，柴米油盐、金钱上的算计、相互控制、强迫的责任，这些都会增加你迟早逃跑的可能性，以及造成你运气上的低谷。

## 数字之间的"化学反应"

当命数5的人生日中1的能量过大时，会相当有自己的主见，但要留意自由意识的泛滥，尤其是在尚未独立的阶段，可能是让家长头疼的叛逆者。

当命数5的人生日中2的能量过大时，会重视感官享受，但惰性更强，容易有好吃懒做的问题。

当命数5的人生日中3的能量过大时，容易聪明反被聪明误，当意识

到自己太聪明的时候，常常就沦落为愚蠢了。

当命数5的人生日中4的能量过大时，容易进退不自由，内心总有限制自己的一些道德准则。

当命数5的人生日中6的能量过大时，要时刻留意不要做超能力的事，因6爱自找压力，而5是抵抗压力，不然心会很累。

当命数5的人生日中7的能量过大时，爱颠覆传统规则，但比较独，不善与人群打交道，在机会面前常常退缩。

当命数5的人生日中8的能量过大时，会非常清楚自己的目标，但要小心自我放纵，以及对某些事物上瘾。

当命数5的人生日中9的能量过大时，会害怕束缚，容易逃避现实，尤其是感情上，对单恋的执著会让你为"爱情"付出巨大代价。

# 命数6：仁爱·仁心·仁慈

实在找不到一个典型的人物来诠释命数6的使命，能立即想到的只有爱神维纳斯，但她是神话，不是人。命数6的人生使命存在于内心深处，是关于爱与奉献的课题，爱本质上为一个抽象概念，可以体验但却难以言表。

爱的繁体字很形象，宝盖和友字中间有一个"心"字，这不是用某个例子的表象可以描述的。在字典中，对"爱"的注解是这样的：爱是一种发自于内心的情感，通常多见于人与人之间，人与动物之间。现今任何科学都不能彻底解释人或动物产生"爱"的原因。

真正的爱是本能，是甘愿无条件的付出，这是命数6者一生的学习方向。当你渴求爱又不懂得爱的时候，你会发现自己的路走得非常艰难，就如命数1的人希望创造，可假如去做与创造背道而驰的事，反而会令自己看低自己，纠结在"我要，可我达不到"的矛盾当中。再如，命数2的人最需要借用他人的力量一起前进，一旦孤身奋战就会深陷无依无靠当中。而命数6想做的就是用奉献爱来获得自我价值，而且是在无怨无悔的前提下，假如在付出的天平上得失心过重的话，自然爱也不会流通。

儒家用"仁"来对应爱，这是一种摒弃私欲的爱，因此命数6的使命难度很大，是用情感之爱成就大我的一种精神意识。这就需要你先学会平衡自己的心，不能随身总带一把尺子去衡量"我付出多少，能收获多少"，这样的命数6永远都不会满足。

数字6也代表圆满、爱的真谛及美。当你能全然理解爱、付出爱的时候，美满家庭、甜蜜爱情、财富，就都会源源不断地靠近你。

## 成功的根本

**善解人意**

你是和平的仲裁者，你有协调他人的神奇能力，当两方人马相互冲突抵抗时，你的出现能缓和彼此的火药味。你能站在对方的立场考虑利弊，令凝固的场面缓

和下来。重视和谐的你，具有亲和力，关心别人，对人热情有礼，懂得礼尚往来，给人的感觉如春风般温暖。

### 责任心

不论有多高的理想，你首先都会考虑生存的根本。你常为安身立命做打算，居安思危，为家人、爱人、孩子打理一切，这是你肩负的责任。你对朋友同样会产生强烈的责任心，会常提醒他们务实之道，以及孝敬父母之类的事情。

### 自医力

很多人在关心命运的时候，常会忽略健康问题，而你非常看重健康的重要性，天生就对医疗具有天赋。或许你从小到大身体都不太硬朗，比其他人更清楚健康是一切的根本。你有自医的能力，除了对医学有天然的兴趣之外，你的自医能力还来自一种"爱的循环"。当你无私地关爱他人时，好的能量也会转化到你的身上，这会成为一种积极的力量，即使你身体不适也会逐渐自愈。

### 施与爱

爱是你整个生命的支撑点，你渴望被爱，也愿意真诚地爱别人。当你是一个良性能量的命数6时，你具备菩萨般的慈悲心，你见不得别人遇到难题，总是义不容辞地伸出手提供帮助。你尊老爱幼，善良而有同理心。付出爱让你感觉愉悦，无论你年纪多大，你都有长辈般的慈祥，嘘寒问暖，关怀他人，经常会将他人的求助记在心里。

### 美的使者

你对美有着独到的眼光，总能发现生活里的美，无论音律、文字还是视觉艺术，你都会从中获得快乐。命数6者中艺术家、作家、建筑师不在少数，6也是两个3的组合，这意味着你在表达力上有出色的能力。即使你与艺术无缘，在生活上也是重视美感的人，你会花心思把自己的家装点得温馨别致，并做得一手好菜（数字6有烹饪天分）。

### 勤奋实际

你勤劳务实，即使整天忙碌奔

波也能保持旺盛的精力。支撑你如此勤劳的动力，就是如何让自己生活得安稳，所以，你会努力赚钱，太过安逸的日子会让你感到不安。你无法接受懒惰的生活方式，这种安逸只能叫你失去安全感。你善于在生活里寻找各种动力，也许这些在别人看来是无法承受的压力，但对你来说，它们正是推动自己运转起来的发电机。

## 懂得爱

其实，说多少条命数6的优点，也不如这三个字最为有力。"懂得爱"会让命数6的人在奉献与收获之间找到很好的平衡，这才是你真正的成功根本。但这件事情有个残酷的前提，就是是否懂得爱也有"天生"的因素，与性格、童年家庭有很大关系。

## 原罪

### 索取心

付出后的索取回报是你最难攻克的私心。当你对别人付出爱心后，你需要对方记得你的好，期待他感激你，并在你需要帮助的时候还你这个人情。一旦对方无动于衷，你会感到人情冷漠，甚至生出些许抱怨之意。这是因为你看重公平，希望将心比心，我对你如何，你也该对我如何，这样的衡量只能让你得到虚伪的骂名。

### 爱管闲事

你喜欢忙在别人的事情上，帮这个，助那个，即使人家不需要，你依然认为"我不能不管"。可如此一来就会给别人造成很大的压力。你的"爱"是有攻击性的，带着干预的意味，这一点尤其在感情关系中更为明显，逐渐就演变成了专制。

### 损己利人

热心是你的做人标签，喜欢随便承诺也是你常有的举动，哪怕是你并不擅长的事，你也会满口答应。等承诺下来，你才发现是活活给自己找了个麻烦。就像郭冬临的小品《有事儿您说话》中的人物，四处答应朋友能买火车票，先声明"火车站我有熟人"，结果却不得

已自己抱铺盖卷儿去昼夜排队。这个小人物可悲又可怜，也是损已利人的代表。

### 挑剔苛刻

你表面上与人为善，可内心里却极其挑剔，爱批判别人，经常会在背后流露对某人或某种现象的不满，并对之做出自己的审判。你内心有极其严格的道德标准，习惯用自己的立场去看待别人的生活方式、别人的需要，一旦有人不符合你的道德标准，那就是错误的、无可救药的。你就像个卫道士，总想用你的观念去"拯救"别人。

### 病由心生

命数6的人身体很容易出问题，时常感到身体上有不舒服的地方。一旦出现这样的问题，你一定要先审视自己是否心理出了问题。你比其他人更容易吸收负面能量，比如某电视新闻中有个案件惨绝人寰，你看了心里很不舒服；某部电影引起你伤心落泪，你会沉浸在其中；某朋友男女关系出了问题，你不仅为人家操心，而且还牵挂得睡不着觉……这些因素都会让你心事重重，负面情绪积压在心里，迟迟清理不出去。

## 深层解读命数6：

### 本质：家人为重的孝子贤孙

数字之间的关系非常有趣，相邻的数有着明显的对立面，命数6刚好与命数5相反，6喜欢承诺和承担责任，热衷奉献与付出爱心。

你非常看重家庭温暖，从对父母的依恋开始，无论你离家多远，心中牵挂的永远都是亲人的一切。家人是你的重担，你时刻牢记着责任和义务，哪怕父母当中有人从小对你并不那么宠爱，你依旧会在成年后履行孝道，这几乎成为你的一生的职责。

你的生活时刻围绕着家人展开，出门在外与家人的联络是频繁的，亲戚之间常来往走动，也总有一大家子住在一起的时候。你对家人乃至亲戚有着很强的责任感，这从你与朋友的聊天中就可以看出。你经常会说到家事，就算听者并不知道你所说的叔叔大爷姑姑舅舅都是谁，可你总是会兴致勃勃地把这些人挂在嘴边。你很忙，时常地为家人亲戚的事操心，今天这个求你办事，明天那个托你照顾，在这方面你不怕累不怕麻烦，即使工作再忙，你都会做到有求必应。所以，你是个非常值得称道的孝子贤孙，能为家人任劳任怨。

你道德感非常强烈，有明确的是非观，对好人与坏人的区分有自己的一套准则。你十分在意外界对你的判断，正确与错误，是否符合道义，这些时刻都会背负在你身上，有时也会因此逃避自己的真实需要。

有个人的妻子得了半身不遂，他想过放弃，也想过逃避，但道德感最终战胜了私心，他照顾了老太太15年。当把病重的妻子送走的时候，他已经白发苍苍了。面对妻子的家人，他说了一句话：我这辈子算是对得起她了，为了她我付出太多，谁都说不出我一个不字。说实话，老人的这句话破坏了他的感人故事，他不是为了爱在承担责任，做这一切不过是为了不让旁人戳脊梁骨。

在亲情这个问题上，你总是承担过多，甚至超出了自己的承受范围。"我不这样做是不对的"，这样的观念时常会提醒你付出再付出，最后直到出现不平衡。

命数6者最需要面对的人生课题，就是付出与索取之间的平衡。你喜欢帮别人的忙，喜欢承诺，假如这些能让你心情愉悦，让你心甘情愿，这才是命数6具备的爱的能量。有不少生日数字中同时出现对立数字的人，如命数6，生日5，这是两种相互拉扯的能量，会使得你一方面对责任有恐惧，另一方面又不得不承担责任，矛盾的时候会造成很严重的情绪波动。

## 能量：要求完美的"心理医生"

心理医生的职责就是通过交谈，来帮助困惑者疏导不良情绪。命数6者具备心理医生的治疗能力，你有耐心倾听，但同时又不是个合格

的医生，因为你很难消化这些负面信息。

你重视自己在别人眼里的形象，爱听人倾诉，爱帮人分析，你觉得有必要照料别人，而你的这种吸引力也会造成找你办事的人特别多。家人需要你，朋友需要你，小孩子需要你，老人需要你，所以你经常忙忙碌碌。假如忙不起来的话，这对你来说是非常沮丧的事，会让你感到自己仿佛失去了价值。

你身边随时会出现倾诉者，这些人遇到麻烦或者感情矛盾，急于找个人诉说困惑，而你总是赶巧遇到。"我今天很难过。""哦，那你说说为什么，看我能帮你吗？"你是个相当有耐心的听众，能本能地站在对方的角度去分析劝说。你语气温和，能安定人心，治疗别人是你的天赋。但这里有个前提，你必须有正确的价值观和智慧，否则你的劝说会造成一种歪曲，而且还会遭人不屑。比如说，你自己的感情生活还是一笔糊涂账，却苦口婆心地去劝别人怎么看待爱情，这会让你没有任何说服力。你要先学会解决自己的问题，做个客观的"治疗者"，才能真正体现你的价值。

你清理"垃圾"的能力欠缺，因为你有完美主义倾向，这种倾向并非是你希望完善自己，而是你期待自己和别人都能展示出美好的一面，而拒绝接受任何不美好。那么，倾诉者的烦恼就是极度不美好的信息，你会纠缠在别人的烦恼当中，无法消化。

你有欲盖弥彰的本领，明明不能容忍别人的缺点，可你总爱标榜"各有各的生活方式"。其实你的内心挑剔苛刻，爱关注别人的缺陷，高标准的要求始终压抑在心里。有时你也会和好友私下批判别人的短长，一旦真实的想法倾泻而出，你就会发现，原来自己有那么多的不满。而在表面上，你却永远看起来是个宽容的大善人。

你的完美主义是什么呢？是自卑感。当你买了一件新衣服去征求别人的认可，对方假如敷衍你"很好，你穿什么都好看"，你的完美之心就得到了满足；可假如对方诚实地告之"我觉得你的腰不够细，有点不适合"，这句真话等于公开了你的不完美，你很有可能就从此不再想穿这件衣服。除非，这句话出自你的口，你善于自嘲，但拒不接受真话。

你无法面对自己的缺点，所以更听不得别人的批评，即使你再好的朋友也很难与你推心置腹地交心，客套之声充斥着你的生活。在心理健全的人面前，你无用武之地，也会感到挫败。你这个"心理医生"时刻准备着去拯救别人，其实你最需要的是先来拯救自己。

命数6者的人生任务很艰巨，你必须努力寻求和着重修炼无条件的爱、平衡、归属感和理解这四方面的能力，而不是急于获得别人的认同。

## 人际：带着天平的奉献者

命数6者有母性的能量，喜欢照顾身边的人，为他人着想，是最具备同理心的一个数字。但你的付出不是无条件的，你需要周围的人回馈你。

你朋友非常多，各行各业，类型繁多，你都能与他们维持不错的关系，甚至不少朋友不管相距多远，你依旧没有和他们断了往来。具备亲和力的你，人缘极好，你也擅长礼尚往来，心中会时时牵挂着别人，喜欢送礼物，对人体贴入微。

在众多朋友当中，你很清楚哪些人是你需要照顾的，哪些人是你欣赏的，哪些人必须保持联系。需要照顾的人会把你当倾诉对象，你义不容辞地情愿做对方的垃圾桶，帮他们理清思想上的障碍。而你欣赏的人则是你理想中的参照，比如某人很擅长设计服装，你刚好非常希望自己也具备这样的能力，你就会对这个朋友产生诚恳的欣赏，并无嫉妒心。这一点你做得比命数1者要好，能看到别人的闪光点，而不是一味逞强好胜。当然这类人假如有些成就，就更会成为你的理想参照，包括给你带来面子上的荣耀。而那些必须保持联系的人，或许来往并不密切，或许也谈不上欣赏，但由于认识的时间比较长，你会认为"这么多年了还是朋友不容易"。这时你的出发点是来自道义，所以你不会轻易丢失朋友。

你容易和人亲密，喜欢把关系不错的朋友当作家人对待。有时你还会

制造出你我不分的手足情谊，如有好吃的东西你会与朋友分享；有好玩的东西你会时刻想着"我要给他带一个"；天冷了，你会告诉人家，多穿点别冻着；朋友病了，你会立即嘘寒问暖，表示关心。你知冷知热，生活里总是会有一些家人般的朋友，像哥哥、姐姐、妹妹、弟弟这样的称呼经常会出现在你嘴里。你不自觉地扮演着长辈的角色，喜欢主动承担责任，不管是比你年长的还是年少的，他们都是你的"孩子"（数字6有"内在父母"情结）。

朋友多也会给你造成很大的压力，因为你喜欢信口承诺。当别人求你办事的时候，你很随意地应承下来"好，我帮你"，即使你明明知道做不到，也很难拒绝别人的求助。你把别人的需要放在第一位，以此体现自己被重视被依赖的价值。只不过，一旦承诺无法兑现，你就产生了对不起人家的心理，友谊反而成了负担。试想一下，假如你有5个朋友同时求你办事，你都承诺下来了，可办不成，这会造成什么样的局面呢？他们会认为你太能忽悠，这样反而会削弱了朋友对你的信任。

很多人都把乐意付出当作美德，但任何事背后都有不同的动机，无条件的付出才是纯洁的爱心。假如你的出发点是用奉献换取被爱，用礼物换取亲密，那就少了真诚多了虚伪。

你要回报，脑子里总有一个天平，随时衡量着付出多少和能收回多少。因此你随时会出现心理不平衡，例如送了别人一个礼物，人家并没有还你这个人情，你就会感觉很受伤。所以，你貌似亲密的朋友很多，可他们也会对你有成见。你们之间存在着一种表面的和谐，实际保持的距离却在心里。

一般来说，命数6的爱能量流通是这样运行的：

付出无条件的爱＝得到真心的回报

带有索取心＝受伤

### 感情：爱情一地鸡毛

数字6的本质意义就是爱与奉献，但这并不代表你生来就懂得爱，相反，命数6者这一生最需要学习的就是关于爱的课程。

你对爱的渴望最为强烈，这一生拥有一个幸福的家庭是你圆满的句号。虽然命数4者同样以家庭为中心，但你们之间有很大的不同。命数4者是看重实际的人，把注意力放在安全与稳定上，他们想获得一个美满的婚姻更为简单可行。而你的注意力往往集中在"人"的身上，因为你的完美主义时刻会跳出来帮你打乱理想中和现实中的平衡。

当你喜欢上一个人的时候，很轻易就被彼此间一些共同点打动，如他和你同样钟爱某一个色彩，他喜欢的歌你也曾被感动过，他很欣赏某个人，刚好你也同样对那人有好感……你们细节上的共同点越多，越会让你产生知己的感觉，甚至有些宿命：啊，这是缘分哪。只不过，三米之外看一个人和零距离看一个人感受是不同的，那些小细节不过是你理想中的一部分。当相处逐渐亲密的时候，一旦这个人有诸多的方面叫你难以接受，就触动了你的挑剔之心。

重视细节的人眼里的琐碎事要更多一些，鸡毛蒜皮、无关紧要的小事往往会让你心情烦闷，不由生出些遗憾。你习惯把自己的理想放大后投射到别人的身上，开始时你会自认为这个人无与伦比，可当发现对方并不是你所期待的那么"好"时，你会表现出强烈的操控欲，试图让对方按你的方式去做，一旦对方做不到，就会让你感觉自己被伤害了。

你非常清楚自己对别人的"好"有多少有多重，你要回报，而且回报的方式要符合你的需要。你的生日到了，你非常期待喜欢的人送你一件实在的礼物，但那天你只收到了一个短信，上面写：我爱你。这不是你期许中的礼物，尽管那三个字是诚心诚意的表达。于是你会感觉失落，甚至觉得被伤害了：唉，早知道这样，我就不过这个生日了。类似这样的悔恨很多，从中总能嗅到专制的味道。

在爱情上你很难认识到自己的自私，你有时会刻意去制造"没有我不行"的状况。你非常喜欢照顾别人，即使遇到比你成熟年长的人，依旧会本能地把对方当孩子或老人一样照顾。跟你生活在一起的人，从受用你的

照顾，直到逐渐变得"无能"。你矛盾得很，既期待有人疼你照顾你，可行为上却更乐意照顾疼爱别人。这样一来，你很可能会在感情的不如意中反复犯一个错——你总会爱上心理不健全者（或者说爱无能）。

命数6者必须寻觅到这样的人：在生活上甘愿扮演你的"孩子"，并且非常了解你的需要。这种平衡的爱会让命数6者真心地释放出自己的温暖本质。

## 数字之间的"化学反应"

当命数6者生日中1的能量过大时，你对他人的好是咄咄逼人的，会有极强的支配欲。

当命数6者生日中2的能量过大时，你会更加在乎付出后获得平衡，你的付出都是有条件的，否则就埋怨计较。

当命数6者生日中3的能量过大时，你会喋喋不休，交际广泛，爱四处帮朋友办事，常把精力消耗在信口承诺上。

当命数6者生日中4的能量过大时，你要留意自己对他人好的真实动机，是否只是互相利用关系，常会与朋友交面不交心。

当命数6者生日中5的能量过大时，你承诺后基本没有兑现的可能，你会一边打保票，一边逃之夭夭。

当命数6者生日中7的能量过大时，6无法失去群体，而7不屑群体，两种对立的力量会造成一种困局：对你来说，社交是种需要，但心却紧紧关闭。

当命数6者生日中8的能量过大时，由于8的目的性非常强，那么"爱"就会成为一种投资，成为你达到目的的手段。

当命数6者生日中9的能量过大时，你简直就是活雷锋，哪里有需要就去哪里，可一定要注意，在生活无忧的情况下你才有资格释放爱。

## 命数7：头脑是我的一切

福尔摩斯是英国小说家柯南·道尔笔下的一个神探，虽然是虚构出来的人物，但却早已是全世界最著名的"大侦探"。柯南·道尔给他设计了一系列的资料，让他就如活生生存在着一样，包括毕业于牛津大学、日常的个人喜好，甚至连生日都非常具体——1854年1月6日（命数7）。

有一个非常惊奇的巧合，就是这位善于推理、洞察力惊人的福尔摩斯大人完全符合他命数7的人生。更有趣的是，创造他的人柯南·道尔并不是命数7，而是命数5（1859年5月22日），可他去世的日期是1930年7月7日。这就如两个灵魂在柯南·道尔的身体里携手完成了一个使命。

我们来看下福尔摩斯的私人档案。

爱好：思考、小提琴、拳击、西洋剑、化学实验，在报纸上发表过一些论文。就如同他本人所说：我好动不好静，我非常憎恶平淡的生活，我追求精神上的兴奋。

性格：性情冷漠、孤僻（不愿意透露自己的丰功伟绩），坚持己见，有点骄傲和自负（不过随着年纪的变化性格也有变化）。

天赋：观察力、记忆力、推理能力，属于理性思维，还有超出常人的指力腕力与天才般的化妆才能。

以上的这三条福尔摩斯特征，可以当作命数7的一个总结了，连骄傲和自负都一点不差。

命数7的人确实有福尔摩斯般的推理天分，思维逻辑能力非常发达。当然，并不是每个命数7的人都要去做侦探，但假如你能善用命数7的分析力，以此去挖掘自己的内在智慧，你做任何事情都会无往不利。

"头脑是我的一切，身体只是一个附件。"这是柯南·道尔笔下的福尔摩斯对命数7的精辟总结。

## 成功的根本

### 思考力

你看问题从不看表面现象，当别人都在人云亦云的时候，你习惯去看事物背后的意义和真相，这让你在看待事物方面常有独到的见解。思考力是你成功的武器，你能紧跟时代的步伐，观念处于时常更新的状态，常能领先他人。

### 觉察力

你凡事都喜欢在脑子里划个问号，有破解到底的兴趣。你是理性的人，要依据，要结论，必须先说服自己才去肯定某件事的可信度。肤浅的理论说服不了你，你会靠观察去总结经验，并敢于颠覆那些大众言论。

### 自学成才

和别人的学习方式不同，你知识的积累不是来自学校或者师从某人，而是完全来自于你自己的观察与分析。太过大众化的理念无法吸引你，而那些旁门左道则会成为你钻研的目标。例如，你会对命运产生极大的兴趣，会试着寻找解读的方式去一探究竟。

### 修行者

你或许对宗教毫无兴趣，也或许对教育有抵触，但你会从艺术与生活观察中获得灵感，在不知不觉中发现宇宙的博大与深奥。当别人靠书本和他人的劝导成长时，你只靠自己，从每件经历的事中搜寻真理与感悟，并善于分析自己的正确与错误。你是一个自省的人，时常会与神对话，这个神就是你自己。

### 研究能力

在选择职业上，研究型的工作最适合你，因为这会用到你擅长质疑的长处。你是心灵层面十分发达的人，即使是追求财富，也离不开思考和你特有的直觉力。任何体力劳动或循规蹈矩的工作，只会令你迷失自己的价值所在。

### 幸运星

你有莫名其妙的好运气，幸运7的神奇在你身上会随时显现。作为意念强大的人，假如能善用自己的直觉与冥想，你会有出人意料的吸引力。如果你想得到什么，只要坚定地去观想，必定会将其吸引过来，从而梦想成真。

### 自负

这是你的第一原罪。由于你比别人的思考能力强大，看问题的角度始终处于更深刻的位置，就往往会自认为比别人见解深刻。但正因为如此，你习惯了轻视别人，常表现出自大高傲，无所不知。你用居高临下的优越感冷静地看待周围的一切，这会让你与周遭环境格格不入。

### 自恋

你沉浸在自己的思考当中，并得意于自己的聪明才智。你目中无人，习惯过高地看待自己，有时会自认为在某一方面天下无敌，没有人比你更好。可是，山外有山，天外有天，你的世界一旦变得狭窄，就会让自己成为可笑的独孤求败。你喜欢看人性的真相？最好先学会解剖自己。

### 妄断

你太相信自己的逻辑，常常死守自己的观点刀枪不入。你以为自己十分信任自己的想法，其实可能刚好相反，正因为不自信才导致你的顽固抵抗。在你视野还很狭窄时，你会在没有实践的前提下，轻易地否定"未知"，并下结论告诉他人"我不信"。这个时候的你很脆弱，一边害怕着，"我也有不知道的事？"一边又抵触着"我确实不知道"这个事实。

### 疑心病

爱质疑是你进步的驱动力，可过分地爱质疑就成了疑心病。当一个现象摆在你面前，你从不是乐观其成的，而总是先站在不信任的角度审视一切。你喜欢看事物的阴暗面，喜欢斩钉截铁地怀疑事情的可信度，这只能给你自己带来更大的困惑和不安，包括人际关系和感情关系。

### 孤僻

有疑心病的人自然是孤僻的。

你躲在自己的小天地自我欣赏，你排斥所有的可能性。假如你能完全彻底地享受孤独，这也算是一种境界。可惜你不能，你在乎别人的目光，无法回避你对自绝于民的胆怯。

**操控欲**

你有军师天分，在幕后出谋划策是你的强项，可同时也难以避免操控欲过强的恶习。当你操控别人的时候，你喜欢侵犯、瓦解别人的精神领域，从负面的角度看，这正是走入邪恶的引子。就如赵本山的小品《卖拐》中的人物，"大忽悠"很懂得心理攻势，在对他人的精神操控中，逐步让对方丧失判断力。

## 深层解读命数7：

### 本质：寻找真理的"007"

命数7者有一个严格的灵魂，对万物的标准极高，任何事都要搞个水落石出才能说服自己去"相信"，所以命数7者喜欢动脑，更喜欢质疑一切。

你的头脑比别人早熟，很小就喜欢思考一些成人世界里的事，脑子里总有无数个为什么等着解答。你在分析力方面有过人之处，并不像命数2的人想来想去的分析方式，你更喜欢去探究事物内在的、背后的、根源的真相，而不是只关注表面一层的意义。

你对未知的世界有极大的兴趣，如命运、灵魂、宇宙等信息，这些科学无法证实和常人无法理解的事物，总会勾引出你探索的欲望。

你就像个情报员，随时要查找人生的蛛丝马迹。你本能地对事物抱有怀疑的心态，越是被广泛肯定的结论，你越是要求证其是否正确。你不相信任何人，哪怕面对专家和权威，你依旧要挑战和质疑，甚至会带有攻击性。所以你不是个好学生，对那种灌输型的教育方式，只会感觉肤浅而无趣。除非遇到了善于启发你思考的老师，能用旁敲侧击的形式来帮你找到自己的答案。只不过这样的老师常常不在学校，他或许是某个智慧的路人甲，或许是历史上的某个哲学家。

你有着非比寻常的好奇心，善于洞察，逻辑分明，能将问题层层剥离直到露出核心与本质。虽然你的直觉力很强，可你往往对"感觉"并不信任，毕竟感觉是抓不住摸不着的一种"虚拟思想"，没有确凿的证据来说明它"是否准确"。所以你容易忽略自己的直觉，更习惯把事情复杂化，经常抽丝般地把问题分析个底朝天，而正确答案没准就来自开始时的灵机一动。这让你的头脑非常累，你的理性与感性之间经常出现相互抵触，并让你产生不安。表面看起来，你是对某件事情产生了不信任，其实不信任的对象正是你自己。

当你与感觉世界连接的时候，你会发现原来事物的真相就是简单自然的，并非必须有一个标准定义。

你在学习方面可以做到无师自通，只凭兴趣就能深入钻研进去，并且最终能自成一派，成为专家。这是属于你的方式，因为你在吸收知识与悟性方面均具备特有的能力。一个什么都靠自己的人，支配力也是超强的，你非常顽固，习惯把自己的那套思考方式定义为"真理"，会为你认为正确的事坚守到底。为了更有说服力，你还会下意识地搬出权威来给自己撑腰，如某句话引用于某位大人物的某个真理，尽管你本身是反权威的。这个细节也透露了你的坚持并非那么坚不可摧。

即便是你对自己的观点已经有了动摇，在新的答案还没有出台之前，你仍旧会死不改悔。除非诸多论据告诉你，大错特错了，这时候你也未必会立即去更正，而是会以巧妙的方式重新定义你的新"真理"。

命数7者是个自大而孤傲的偏执狂，只许自己质疑别人，而无法接受别人对自己的质疑。你很怕自我认知被侵犯，因为这随时会将你那超强的"自信心"推倒。

## 能量：老天庇护的幸运者

7是全世界公认的幸运数字，而命数7者确实有吉人天相的运气，总是能在关键时刻化险为夷。这既与7的神秘力量有关，同时也说明7

的疑心并非全是无事生非。

你总会遇到"山重水复疑无路，柳暗花明又一村"的事件，不管遭遇什么样的意外，你都能安然无恙。往往在你最落魄的时候，就会不知道从哪里跳出个机会或贵人，从而帮你脱离危机，就好像有一种神秘力量在背后帮你的忙。

难道命数7者真的是受老天庇护的人吗？假如了解数字7的本质，对这一点就不难理解了。你生来具备一种精神世界，精神是种心念的力量，也是一种强大的气场。就如在远古时代，每当猎人出门与野兽争夺食物时，部落里都有一个巫师在背后用咒语为勇士们增加信念。那咒语就是精神力量，尽管形而上，却可以起到鼓舞人心、坚定勇气的实际力量。

在危机面前，你也更为冷静沉着，加上有强烈的预感帮你安定内心，所以往往会出现不可思议的好运气。你的第六感是敏锐的，越是在不容你理性分析的时刻，越会准确地感应到事物有利的方面。疑心病并非一无是处，至少也算一种警惕和防卫，能让你快速地自我保护，免受戕害。所以，你是最不会轻易上当受骗的人，除非你的偏执心上来，出现了自以为是的判断。

幸运的事遇到多了，往往会让你的生活懒散，缺乏实干的能力。你经常是只想不做，喜欢动脑不喜欢动手，在现实与精神之间挣扎。你对生活的要求极高，不甘于贫穷也不甘于平凡，又不屑为现实折腰，常常撑着一身的傲骨做着精神上的巨人，行动上的矮子。直到你寻找到了这样的兴趣点——既可以实现你的精神价值，同时又能在物质上得到收获，这样的事情才会让你一腔热血地投入进去。

你有多方面的才华，不甘于局限在一个领域，任何有挑战的事都会对你产生吸引力，所以你往往身兼多职，或者头衔一堆。只不过，在职业方面，你很难与你的环境成为一体。无论在哪个领域，总会有"一只眼深入其中，另一只眼旁观左右，一只脚在圈内，而另一只脚却在圈外"的状态。你随时保持着清醒，将自己从那个环境里分离出去，"身在曹营心在汉"，坚决不认可"我也是其中的一员"。

清高的人往往在意识层面一心追求高尚，你会觉得自己不属于任何圈子，习惯于带着批判的眼光去审视周围，愤世嫉俗，狂傲自负，经常也会因此显得与环境格格不入。

命数7者的身上有种奇特的优越感，这来自你智能上的优势，所以你做事经常游离在团体之外，好独来独往。尤其是针对虚假和做作的人和事，会有挑剔刻薄的心理，善于诡辩，得理不饶人，常在论辩中追求"致人于死地"的快感。

## 人际：孤独的人是可耻的

张楚有首歌叫《孤独的人是可耻的》，其中有段歌词是这样的："孤独的人，他们想像鲜花一样美丽，一朵骄傲的心风中飞舞跌落人们脚下，可耻的人，他们反对生命反对无聊，为了美丽在风中，在人们眼中变得枯萎。"这是就命数7的写照，而生于1968年11月17日的张楚，命数就是7。

你生来喜欢安静，也有点羞涩，很难忍受热情洋溢的场合，那只能让你感到恐慌和不自在。你喜欢一个人独处，看看书，听听音乐，思考下人生，并不愿意与过多的人来往。在这一点上，你与好交朋友的命数6者有很明显的不同。你很怕认识太多的人打扰你的平静，也不习惯客套的交往方式，这让你看起来并不好接近，常与人保持着距离。

你就像一个现代的隐士，神出鬼没，来无影去无踪，有时突然消失在人群里，拒绝与人往来，有时又突然跳出来显山露水。在人际交往上，你没有"多一个朋友多一条路，少一个朋友多一堵墙"这样的观念，你的世界里朋友只有一种，那就是"我欣赏喜欢的人"。所以，你认可的朋友很少，但只要关系不错，他必定能够包容你。当你某天突然消失在他们的视野当中，这些人不会大惊小怪地埋怨你"这人怎么这样啊"，他们能尊重

你的孤独。而对于那些交流困难、秉性不相投的人，你则会毫不客气地冷淡疏远。

7是个有精神洁癖的数字，你能靠洞察力在三五句话中就判断出对方与自己是否臭味相投，也能靠挖掘真相的天分快速看清对方言语背后的动机。比如，当遇到一个人吹牛说大话的时候，也许别人想到的仅是"此人不可信，有点不实在"；可你就会用侦探的眼光去搜寻对方的心理因素："他为什么要吹牛？一定是在掩饰自卑感。""也许他从小到大得到的肯定太少了……"你这样的尖锐给人压力非常大，即使你不会说出来，但那种不参与的旁观状，也会叫人感觉如同自己赤身裸体一般。

你尤其反感虚伪做作之人，他们在你这里可能会遭遇冷嘲热讽和批评，你更没有耐心去进一步地接触理解对方。你有时会用非常傲慢的姿态去看待世俗中的人，而把自己置身于世外，好像你来自另一个星球。当你越是与人群脱离，你就越会退缩在自己的世界里，隐藏起来不愿意见光。

孤独的人未必都是可耻的，孤独也可以让你自省，在宁静的空间里找到自己的真理，毕竟你的孤独并非寂寞。

不要把命数7的孤独当作缺点，因为每个人都有不同的处世之道。但如果命数7者能学会接纳别人，对每个不同的生命都能有一定的了解，那么，他们的智慧就会成为众人的需要，这样的"隐士"才会有价值。

### 感情：宁为玉碎不为瓦全

命数7者有冷静理智的特点，即使狂热地爱上一个人，也会有克制的表现，有种不得不端着保持距离的感觉。即使两人已经修成正果，你依然会感觉自己是独身，随时需要保持个体的独立与私密性。

在感情上你非常需要安全感，这种安全感似乎没那么具体，关于这一点常有种很复杂的情绪围绕着你。当遇到一个喜欢的人，你越是在乎对方，你的表现就越会体现出这种复杂性，一会儿主动，一会儿被动，一会儿很热，一会儿很冷，有话不直说，非要靠揣测彼此的方式来交往，就像是在与对方玩捉迷藏。你明明暗示对方"我很喜欢你",可当对方心领神会、勇敢表达的时候,你又突然感觉到了不安,当即退缩回去,还会找很多模棱两可的理由来进行搪塞。所以对方和你相处之初,总会有各种不舒服。

爱捉迷藏并不代表你缺乏明确立场,也不代表你生性喜欢暧昧,这里有个前提,一旦出现这样的情况,可以证明两点:其一,对此人你并不确定是否值得去爱,你还没有完全说服自己;其二,你不喜欢被"反攻",更愿意顺理成章、心照不宣,对方只要表现得过于紧逼,你立即冷处理,因为被支配就意味着"不安全"。

你也会有主动付出的经历,当你一直处在去爱而不是被爱的位置时,你反而会掏心掏肺,忠贞不渝。你可以改变自己去适应对方,也喜欢时刻粘在对方左右甘愿奉献。但往往这样的恋情,都是以对方的背叛和逃避为结局。你很难察觉到,在整个过程中,正是你的支配欲造成了一种不平等。你看似无怨无悔,可内心充满了警惕。人和人之间有相互的回馈,当你给了对方完全彻底的信任,对方才会把同样的信任回报给你。相反,假如你自身就矛盾重重,那么结果也会应验你所恐惧的那一部分。

作为有头脑的人,你对洞察别人的心理动机有着超常天分,可却很难洞察到自己内心的真相。你偏执地认为"我很有信心",但实际上你最不信任的就是自己。你在"我需要"与"我害怕"之间来回游离,最后不得不穿上防御的铁布衫,随时逃避问题。

你有不可思议的侦探天分,为了验证你的疑心,你可以靠直觉破解对方的秘密,包括信箱和QQ密码,去查找"犯罪证据"。即使你已经拥有幸福的爱情,但潜意识里依旧会存在对忠诚的恐惧。

你在选择伴侣上重视灵魂的相合,因为7是精神意识超强的数字,不会把感情寄托在物质与现实琐事当中。你需要灵魂伴侣,要求精神上的同步,并且彼此还要有各自独立的世界,这是相当有难度的要求。但这样的人并非不存在,就看你是否有勇气去寻觅等待,当这个人出现的时候,考验的就是你的选择能力了。

与众不同的人对命数7者有超强的吸引力，如艺术家、浪子、诗人、作家、人格魅力突出的人，等等。命数7者具备艺术鉴赏力，对一切平庸的事和人毫无兴趣。这类人的晚婚几率非常大，大有"宁为玉碎不为瓦全"的爱情信仰。

## 数字之间的"化学反应"

当命数7者的生日里1能量过大时，狂傲自负是你的克星，目中无人只能证明你还不够强大。

当命数7者的生日里2能量过大时，爱胡思乱想，喜欢放大想象，虽有出色的直觉，但就看你信不信自己。

当命数7者的生日里3能量过大时，成熟与幼稚一分为二，遇到好事成熟，遇到难题幼稚，逃避心理严重。

当命数7者的生日里4能量过大时，非常理性，有高层次的智能，可惜太过谨慎，疑心更重，难免因此错失机会。

当命数7者的生日里5能量过大时，偏执心会造成你盲目坚持、宁死不屈的状况，不撞南墙不回头。

当命数7者的生日里6能量过大时，信任危机会成为你很突出的问题，喜欢衡量道德标准的6遇到7，会增加你对这个世界更多的质疑。

当命数7者的生日里8能量过大时，洞察力超强，更有心机，两者结合好的话可以助事业一臂之力，也会表现出老谋深算的特征。

当命数7者的生日里9能量过大时，最需要开启智慧，要注意尽管头脑出色，可行动力却欠缺的问题。

## 命数8：优胜劣败，适者生存

命数8与命数1有很多类似之处，同样都有王者的雄心，同样都是行动派。不同之处在于，1是阳性的力量，宁折不弯的先驱，是开创者，而8是阴性的力量，能屈能伸，八面玲珑。假如把命数1比做一统天下的改革派秦始皇，那么命数8就是卧薪尝胆的越王勾践，为了达到目的能甘愿忍辱负重。

对勾践这个人物，向来评论众多，褒贬不一。有人认为他能成大业，全靠不达目的不罢休的毅力；也有人认为他处心积虑地潜伏在敌人身边，用尽手段，是极其危险的人物。这两种看法刚好代表了命数8的两极化，一方面有魄力能建大业；另一方面不择手段，虚实难辨。

命数8的人具备超强毅力，就如一个能源储藏器，在默默无闻时期能关闭锋芒，以柔克刚，一旦得到机会便有惊人的爆发力。当遭遇坎坷和挫折的时候，命数8者反而会凝聚强大的力量，成为日后发展的动力，这类人有钢铁般的意志和实干家的行动力，可以成为出色的政治家、领袖、企业家、金融家、任何行业的领导者。

命数8的人一旦决定了目标就会坚定不移地去执行，大有愚公移山的精神，但也会因目的性过强，而把成败看得过重。这是最具企图心的人，人生使命就是为获得成就而奋斗，而这一切的动机全部来自命数8的主宰意识。

数字8是全世界通用的财富数字，而命数8者证明自己成功的标准永远都离不开名和利。你脚踏实地，深知适者生存的道理，所以很清楚自己的需要，更不允许自己平庸度过一生。

### 成功的根本

**实干**

你最不擅长空想，只要想到的事情，你一定会逐渐让它成为现实，不管有多难多苦，你都能坚持到底。你是实干家，有"实"才会去行动，做事一定要有利可图。比如你想设计一件衣服，一定会先去衡量它是否符合市场需求，而

绝不会为了乐趣，就盲目地去做这件事。

### 谨慎

你很看重步步为营，只做有把握的事，你不喜欢冒险，相信经验。在决定去为某件事努力前，你会周密地勘察，计划好一切才会行动。例如，假如你参加了某个电视娱乐节目，你不会只是重在参与，而一定是带着必胜的目的前去的。

### 理财天分

金钱是帮你证明自我成就的标准，对你来说，没有什么比财富更能直接证明一个人的成功。你对钱很敏锐，擅长投资理财，精明而有头脑，没有金刚钻你轻易不去揽那些瓷器活，因为你要做的是赢家，这目的非常明确。

### 勇气与魄力

你有做大事的气魄，不会拘泥在小家小业上，你勇于攻克一个又一个难关，面对挑战越挫越勇。你不是莽夫，有勇无谋这样的举动很少在你身上出现。你的勇气也包括

能屈能伸，必要的时候，你会低调行事，伺机而行。"有志者，事竟成"，这是你成功的信念。

### 领导力

无论在什么环境中，你都有一种强大的上进心，不甘于只做个打工者，随时会流露出领导他人的欲望。这与你的掌控欲有关，但成就你另辟蹊径的动力，几乎都与无法忍受压制和不被重用有关。所以，无论你目前处在怎样的境地，作为命数8者，挫折与不满总会推动你最终成为领导者。

### 好人有好报

表面上你把名利当作追求的目标，实际上你并非利欲熏心之人，在你看来，物质只是世俗最基本的"成功标准"，你更重视心灵和精神的进步，希望用金钱帮助更多的人。常做善事的你，会发现你经常能得到周围人的帮助，一些好事也总会主动找上门来。数字8的因果效应就是这样，一个善良重道德的命数8，会得到更多人的尊敬。

### 投机分子

因做事目的性过强，你非常看重结果。一旦"结果"遥遥无期，你便无法一步一个脚印前进，而是总想着怎么让"结果"到来得更快一些。于是，你开始动脑筋，盘算如何一步到位。这是种不劳而获的心理，你没有耐心等待时机，邪恶也在你胸中蠢蠢欲动——赌博、性交易、低劣手段、恶性炒作、损人利己，这些举动都是处在负面能量中命数8的"捷径"方式。

### 掌控欲

你习惯把一切掌握在手里，尤其当作为管理者，你并不信任身边的人，而要把一切实权攥在手里，只安排别人去服从。这一点也会体现在你的人际关系和感情方面，令你在做人上有不受欢迎之嫌。你喜欢处处干涉别人的想法，霸道任性，有时甚至暴躁不尊重他人。失败的命数8往往问题都出在人品上。

### 见钱眼开

处于低层阶段的命数8会把钱看得很重，吝啬而贪心，这是由于物质对命数8者来说是成败的标准，钱既是你的枪，也是战利品。当你陷入物质漩涡的时候，你希望自己的战利品堆积如山，并会把它当作炫耀的资本。

### 世俗气

有保守观念的命数8者很容易接收到"流行"信息，流行也就是大众普遍认可的东西，这对你来说也是一种"保险"。比如社会上流行办事必须请客吃饭去夜总会，你认为这一招能达到目的，很"保险"；再如，社会上以开什么车来判断一个人是否成功，开宝马的人被认定是有钱人，而开普通车的人被认定"不太有钱"。这些世俗观潜移默化地影响着你，让你成为有世俗观念的人。

### 不诚实

为了达到目的，你会运用一切手段，包括不诚实。你会对更强大的人低三下四，说口不对心的话，也会对朋友肆意夸大自己的能力。可是，这样只会令你树敌过多，口碑欠佳，成为令人反感的人。

深层解读命数8：

## 本质：白手起家的天生老板

命数8者重视名利，在成功人士、企业家、明星、商人当中，命数8者最为普遍。"成功"二字几乎是命数8的同义词，所以生日具备明显8能量的人，时机一到自然就会投身于事业当中。

即使现在你还仅仅是个平凡的打工者，但不甘于平凡的愿望早就在你心中点燃，你也一直为此做着努力。你生来具备警觉力，有敏锐的眼光和卓越的远见，这一点会给你带来良好的商业嗅觉，哪怕你仅仅是个小歌手，也能运用好商业的模式，为自己将来走向成功铺路搭桥。你的商业天分随时会调动出你的野心，你要的不是小商小贩的目标，而是建立自己的事业，成为个人领域里的主宰者。

你重视效率和实干，空想与你无缘，那只能让你感觉不够实际，你看重的是掌握在手的东西，从不做无把握的事。所以，一旦将你的天赋能力运用自如，自然就会有机遇带领你靠近你的目标。

每个人的成功标准都大不相同，画家认为作品得到公众认可就是成功，作家认为书得到畅销也是成功，学者们的学术研究被广泛应用也叫成功，但无论是哪种成功，都有一个普遍的价值肯定——与名利息息相关，不可分割。假如画家的作品毫无金钱价值，作家仅有名气而无实际收益，都会产生严重的不平衡。所以，你看重权力和财富，因为这是你成就的证明。你想要的，就是现实与理想的一个平衡，对你来说，名利的获得不过就是精神上的满足。

企图心会给你带来世俗的标准，在你的法则里，没有金钱的人生是失败的，没有地位和权力的人生也是失败的，所以，最能阻碍你前进的东西，就是急功近利。为了走得快一些，你常常没有耐心步步为营，投机取巧的心理随时会诱惑你孤注一掷。

命数8者最大的弱点就是难免被欲望牵制。当掌控欲膨胀的时候，什么都要尽在掌握，也不管你是否真正需要这些东西。这就是8的贪婪。

## 能量：得瓜得瓜，种豆得豆

命数8有个奇特的因果效应，也就是种瓜得瓜，种豆得豆。好与坏都是自己一手创造出的，属于8的无限循环的符号，也代表着这一层意义。

在《三世因果经》中，对因果的解释是这样的：人的命是自己造就的，你做了一件善事，就得一个好的报应，你做了一件坏的事情，就有一个凶的报应。

1的魄力，2的柔韧，3的机敏，4的行动，5的变革，6的责任，7的智谋，你集数字1~7全方位的优势于一体，被一股巨大的能量包围着。但万物都有一个规律，大成必定与大难如影随形，为获得成功你也要面对很多障碍，这其中最大的障碍就来自你自己的欲望。

掌控欲过强的你，会对不可预期的事件掉以轻心，以为全局都在你的掌握之中，你傲慢自负，急于求成，但偏偏命运就要在这方面考验你的耐力。数字7有化险为夷的幸运，这来自他们冷静的性格和对直觉的运用，而你刚好相反，急躁和过多的欲念常在扰乱你的判断，你会遭遇身处危险而不自知的状况。在国外一些数字学家的统计中发现，车祸、意外、纠纷、灾难等不幸发生频率最高的人群就是命数8者。而更为神奇的是，8的因果效应也与此有关。

有个命数8的人，青少年阶段有仇富心理，某天夜里将邻居家的新车划了几道，气得邻居不得不报警，他却在一旁暗自大笑。十年后，他也有了自己的车，没想到一日醒来，发现车被人用刀划得惨不忍睹。他当时并没有发怒，联想到自己从前的所为，只想到两个字：报应！后来他回忆起来，发现自己生活里总是有这样的奇怪事：做了坏事，早晚会还回来，做了好事，也会有相应的好报。

这就是命数8者人生中最重要的一课，善与恶都在一念之间，就看你要选择哪一个。在你的背后有一种可怕的毁灭力量，就是邪恶因子。金钱和权力是世俗中最有威力的法宝，但同时也是最为肮脏的工具。当你的负

面贪欲被调动出来的时候，你很可能会急功近利地使用一些对你有害的力量，如投机取巧、赌博成性、损人利己、为富不仁、弄虚作假，等等，这些日后都会成为阻碍你的绊脚石。（注：生日中出现3个以上数字8的人尤其要注意负面因素，网络上有几位一脱成名的红人，为了炒作不惜一切代价，几乎都是生日中8比较多的人。）

你的人生路充满考验，每次挑战都能激发你的无限潜能，每当胜利在向你招手的时刻，严峻的挑战也会同时出现，能帮你的只有正念和耐力。你最需要具备诚实的心态，真诚地面对自己和他人，感恩之心会让你轻松克服困难，然后用财富和才智去实现更多的价值。

美国著名影星伊丽莎白·泰勒的命数是8，在她身患重病之时，留下遗嘱，她没有将巨额财富留给子女，而是捐赠给了艾滋病研究之用。1996年接受CNN记者采访时，她说：名利和权力的好处是什么？就是我可以用它们帮助其他人。（当然，泰勒的生日数是9，天性有热衷公益的大爱之心。）

## 人际：为人处世的多面体

写关于命数8者的人际关系是件难事，因为相比其他数字，这个数字的人际有非常明显的复杂因素，没有重点。就如命数8者对钱的态度也是因人而异，有的人拜金，有的人对钱有恐惧，有的不屑金钱更需求权力，而有的又处在担心物质追求玷污了心灵的矛盾中……而且这些不同的原因都与所处环境有关。命数8者身处的环境如何，是很关键的一个问题，可以决定这个人的很多方面。

你在乎人际关系，即使你性格内向，较好独处，但依旧不排斥参与社交活动，在很多朋友聚会的场合都能看到你的身影。你很随和，看起来也相当大气，不论你是否获得了财富与地位，即使是在最落魄的阶段，也基本不会流露出"寒酸""无底气"这些状态。好像你天生就具备成功者的气质，很难被人忽视。

你有强大的气场，精力充沛，随时散发着工作狂的人格魅力。不论你在什么样的环境工作，你总会吸引到那些有成就和才华的人。即使你是一个包工头，打交道最多的也是高层的老板。这就是吸引力的作用，你想成为什么人，自然生命中就会出现很多同类的参照。

在集体环境里，虽然你有比他人更出色的能力，可锋芒遮掩得往往很得体，轻易不会给人太多的压力。你能曲能伸的功夫是一流的，为了站稳脚跟，有时不得不耐着性子取悦别人，投其所好，你看起来似乎是个委曲求全的人，可这仅仅是表面文章。你什么都明白，心如明镜，你很清楚人性的弱点，也有洞察人心的天分，"屈"不过是为了更好的"伸"，这便是你擅长的"勾践之道"。只是，你不能遇到对手，假如有人看穿了你的隐藏性，会感觉你是最难相处的人，他们会认为你比较"阴险"，尤其是正直诚实的人会很看不惯你的做派。

你的竞争心很强，甚至可以说，竞争是你做事的动力，这是你商人本色中的特质。你的朋友类型也许有很多种，可不管他们是谁，在哪个行业，至少都不是混日子的平庸之辈。你的人生法则就是获得成功，所以没有成功潜质的人你也欣赏不来，自然也谈不上和他们成为朋友。

命数8因具有"因果业力"的影响，所以属于这个命数的人，会在正面和负面呈现不同的人际状态。

当拥有正面特征时，你是个平和的聪明人，与人为善，贵人会随时出现来帮助你。你的朋友们尊重你，以你为榜样，他们也可以从你身上获得坚定的力量与务实的精神。你精明但不损人，敢于说真话，当然前提是坐在你对面的人，一定是不喜欢听假话的人，这时你很容易被良性的力量调动出属于你的那份灵性。当然，假如你的环境充满了假象与腐败之气，你的隐藏性与不诚实就会出现。

当负面特征过强时，你是个令人抵触的危险人物，随时会流露出社会混子的形迹。俗气、吝啬、把钱看得过重，如盲目崇拜名牌，为名利不择手段，在朋友面前吹牛炫耀自己的伟绩，满口谎言地控制和利用朋友。甚至还会有一种奇怪的举动，为了得到更多的机会，你可以放下自尊去当别

人的跟班，甘愿被人掌控安排。一旦出现这些负面现象，就说明了一个问题，你急于得到想要的金钱和地位，可达不到，不想努力，在精神上又得不到支持，这时候的你扭曲而自卑，这会让你的人际状况糟糕透顶。

命数8者想要一个健康积极的人生，别无选择，只有正向发展，付出真心与爱才能得到各方面的助力。

## 情感：压抑的感情舵手

命数8者以成败论英雄，在与人的感情互动当中，也同样重视"结果"，甚至为了维护"结果"的长久性，命数8的掌控欲无时不在，在相处中有种暗藏的霸道。

你看起来温和知性，文质彬彬，喜欢你的人开始会被你的好脾气吸引，而你在感情上也是相当认真执著，很难去玩感情游戏。可是在彼此的靠近相处中，对方会逐渐发现你有"一手遮天"的霸气，只是这种霸道并非是指手画脚、高高在上，而是深藏不露的控制欲。

这也包括对一个人的"好"：你给对方买衣服，要按自己喜欢的款式买；你送对方礼物，考虑的却都是自己的喜好；你追求对方的方式，也是以自己的喜好为主，从不去考虑别人能否接受。你有一种柔中带刚的咄咄逼人气势，这会让你的恋爱对象产生压迫感，可似乎又说不出为什么，因为你很好，并没有做错什么。

举个例子。命数8女生茉莉喜欢上她的上司大张，从端茶倒水开始，茉莉对大张是关怀得无微不至，大张很喜欢体贴善解人意的女子，两人有了感觉并开始私下约会。可大张离婚不久，暂时并不想走进婚姻，从一开始就对茉莉挑明暂时不想结婚。茉莉一直欣赏强势有事业心的男人，并不想失去大张，她愉快地制定了游戏规则："我也不想结婚，做你的红颜知己不是挺好吗？"

可在相处中茉莉一次又一次推翻了游戏规则，她把自己当成了大张的妻子，经常过问大张的去向，你今天去哪儿了？和谁在一起？当看到大张与女客户联系密切的时候，茉莉怒火中烧，经常会查看大张的手机短信。但这种怒气她并不说出来，而是压抑在心里，表面上依旧顺从听话。这些举动叫大张极其不舒服。茉莉不想直接告诉大张她的真实想法，她很擅长低调地回避冲突，并依旧对大张关怀体贴，为他打理一切。

大张经常出差开会，茉莉"关心"的电话一个接一个：你在干什么呢？为什么不给我打电话呢？茉莉的控制欲让大张不堪忍受，终于摊牌对茉莉说出心里话："你什么都好，可被你操控的感觉很难受。"茉莉自然很委屈，她无论如何也没想清楚，为什么自己对他那么好，却得到这样的评价？

这就是因数字8的超强控制欲造成的不美好，尽管不是每个命数8者都有类似的故事，但这里面有几个命数8者的普遍特征：

1. 为了达到目的，讨好服从对方，不遵守自己制定的游戏规则；

2. 很清楚自己有掌控对方一切的冲动，但又知道这样做不好，所以压抑忍耐，但越是这样，控制欲就更加旺盛，直到把人逼走；

3. 不喜欢直接的冲突，把不满都积压在心里，就是不说出来。

你适合的另一半是那种有相当独立精神的人，个性强悍，有主见，并能支持你的事业。在这样的人面前，你的控制欲会减少，因为你要求的他已经做到了，剩下唯一可做的，就是强强联手去开创你们的事业。

命数8者在恋爱婚姻方面问题很大，离婚率也最高，毕竟任何人都不喜欢被人握在手心里。因此，即使你已经圆满走入婚姻，也要时刻注意你那极具毁灭性的支配控制欲。

## 数字之间的"化学反应"

当命数8者生日里1能量过大时，这是典型的领导者，有超常的事业心，做事效率高，也给人更大的压力。

当命数8者生日里2能量过大时，善于忍耐，懂得配合之道，可也容

易发生动机不纯的屈膝举动。

当命数8者生日里3能量过大时，性情反复无常，如急于求成的话，小心会放大自己负面性格中不诚实的问题。

当命数8者生日里4能量过大时，8的成就感目的会降低，而赚钱的目的会提升，也就是说，当8遇到4，会更为爱钱。

当命数8者生日里5能量过大时，你很清楚自己要什么，会把事业欲望当做游戏，重视过程，但为人也更为浮夸。

当命数8者生日里6能量过大时，很难区别你热心助人是为了奉献还是另有目的，还爱干涉他人选择。

当命数8者生日里7能量过大时，会是相当复杂的人，处心积虑，善用勾践之道。

当命数8者生日里9能量过大时，会更需要将财富付出到大爱上。

## 命数9：爱是勇者的特性

从数字的排列次序上看，数字9是从人性达到神性的通道。这对命数9的人来说，人生的使命就显得比其他数字更为艰巨，在成为"神"之前必须先当好这个"人"。

甘地被世界称作人类良知的代言人，他在印度人心目中也是无可替代的国父。这位伟大的人道主义者生于1869年10月2日，命数9。他是唯一革命不使用暴力的政治领袖，以不合作不妥协的方式带领印度人民脱离了英国的殖民统治。在甘地身上，有非常典型的命数9的"追求宁静""信仰精神的力量"等特征。甘地是位素食主义者，同时也是禁欲主义者，他苦行僧的形象一直深入人心。

命数9的人有一颗慈悲心，知人间冷暖，关注大众疾苦。有这样一个故事，有次甘地坐火车时，不小心把自己的一只鞋掉在铁轨上了。这时火车已经开动了，他无法再下车去捡鞋。于是甘地把另一只鞋也脱下来扔出了窗外。身边的一位乘客见他如此举动，很奇怪地问："先生，你为什么要这样做呢？"甘地说："这样的话，捡到鞋子的穷人，就有一双完好的鞋子穿了。"这个故事完全体现了命数9人的博爱之心。

命数9的人一生与宗教信仰有缘，心有大爱。甘地被刺客枪杀之时，行凶者一边向他问好，一边连开三枪。甘地捂着伤口，发出最后的声音："请宽恕这个可怜的人。"他一生最后的这句话，令人感动不已，也深刻体现出命数9者的慈悲为怀，以及宽恕心的修为。甘地有句名言："懦夫是不会有爱的，爱是勇者的特性。"这也正是命数9者一生修炼的课题——爱与勇气。

命数6和命数9尽管有很多相似之处，比如同样富有同情心和自我牺牲精神，同样愿意与人分享爱，但表达方式却有很大不同。命数6者的施爱范围是自己的家庭和生活圈子，他们的关怀与同情，针对的只是家人和朋友，而命数9者的生命关怀则更具有全球视野和引领精神意识的能量，不是针对个人。当你看到那些忙着帮亲戚朋友做好事的人，这多数是命数6的特

征，而那些义不容辞为灾区人民筹集善款、热衷参加公益服务的人，则更像命数9者的行为。

一句话，6的爱来自人类的情感，9的爱来自神圣的精神。

### 和平者

你与人为善，不喜欢与人发生任何冲突，不自夸，不张扬，同时也不喜欢出风头炒作自己。这种低调的作风体现出你与世无争的宁静心，也会给他人带去祥和平静的气场。

### 自然主义

道家认为自然是最合理、最有价值的生活原则。你热爱大自然，那些与自然有关的事物都会吸引你的注意，如环保、乐活、素食、瑜珈，你都能乐在其中，同时它们也是你净化身心的方式。

### 智慧

你可以成为智慧的人，这种智慧来自对纯净心灵的追求。大彻大悟后的你希望世界大同，人人为善，爱护草木动物。智慧可以分为三类：第一类是创新智慧，这是命数3的智慧；第二类是发现智慧，这属于命数7的智慧；第三类是规整智慧，这就是命数9的智慧。你有改变"恶"的精神力量，崇尚万物平等，能服务众人接触心灵，觉察真我。在这方面，你是个出色的传教士。

### 生死感悟

有关生死的问题会被摆在你面前，这乍听起来会让你感觉恐惧，其实，这正是启发你如何积极看待生命的契机。

### 信仰

你天生就是一个信徒，不管信什么，信仰都是支撑你的力量，会给你带来坚定与动力。最终你会发现，救世主不是神也不是佛，而是你自己。

### 人道精神

你的博爱体现在对众生的关

怀，不仅仅是对小家小业的关怀。你崇尚人人平等，热心慈善，哪里

有困难哪里就有你的真诚奉献。

### 伪装

你有很多恐惧，这让你无法面对人性的阴暗面，可你又会不自觉地去探究这个问题，从别人那里找，从自己身上找。你尤其抵触自己的阴暗面，更愿意把它们藏起来，让自己表现出高尚无私的一面，以期获得他人的认同。这样一来，你反而很不快乐，而且这还会成为恶性循环，你越是厌恶自己，就越要表现自己的"伟大"。

### 胆怯

你太在乎宁静和平，反而无法面对嘈杂，宁可把自己的心关闭起来与世隔绝，以避免一切你可以解决但又逃避解决的问题。你缺乏勇气去分辨真假，这件事我不喜欢做，好吧，我不碰，那件事我没把握，好吧，不做了。如此一来，最后你一事无成。

### 迷信

你容易被某种精神力量吸引，比如宗教，比如神秘学，这些都会对你有所启发，也会形成你的精神支柱。但是，你也容易盲从，会陷入一种似懂非懂的状态，这样自己的精神自由反而受到牵制。搞不好还会因此成为迷信分子，过度依赖宗教和命运安排，导致听天由命的消极状态。

### 妄想

妄想是病态的，是你自己虚构出来的幻觉。假如你靠妄想生活的话，那只能自讨悲惨。你的妄想经常体现在感情方面，你常会对一个人充满不实的想象，可这最后带给你的，往往是破碎的回忆。

### 自我贬低

你向往平静心，但假如完全不争的话，也会造成对自己的缺乏认可。你本是多才多艺的人，但不愿

意发展自我，更喜欢缩在家里胡思乱想。你的生活期许会被传统习俗所局限，例如，假如你没有学过表演，你就认为自己不可以当个演员，假如你没有高学历，你就会认为自己没有资格找个好工作。自我贬低的人不是没有机会，而是自己不给自己机会。

深层解读命数9：

**本质：与世无争的梦想家**

9有梦想的含义，就如万花筒，让人进入充满幻觉与想象的空间。但万花筒再美丽，也仅仅是由彩色玻璃碎片与镜子组合出来的错觉，离开镜片，你看到的就是个简陋的、纸做的玩具而已。

命数9的生命课题是艰巨的，你必须通过心灵的觉醒，来克服最致命的"利他主义"。"利他"看似是无私的奉献，但假如发生在你生活问题无法解决的阶段，这时候的"利他"反而蕴藏了太多的不良动机。

因缺乏自信，你的出发点几乎全部是为了满足别人的目光，你在乎名声，道德感过强，小心地维护着自己的好人形象。你同情心泛滥，总在义不容辞地帮助别人，哪怕自身难保；你总是向别人释放赞美与鼓励，可你对自己很不满意，经常有罪恶感；你无法拒绝别人的请求，太容易受外界的影响；你终日做着白日梦，对前世和未来充满兴趣，可注意力却不在今生……

消极是经常出现在你生活里的一种状态。从正面意义上看，那是因为你对世俗欲望需求不高。可这违背了你需求的价值——为他人服务，分享快乐。你有着高尚的精神潜能，造福众生是你的天赋使命，只不过，你先要让自己强大起来，才有资格和说服力去普度众生，去帮助和拯救他人。否则"利他"精神就成了一种形式，会让你很累，却无法为你带来快乐。

由于命数9具备每个数字的能量，这就需要你从1~8的数字中整合这些能量，来完善你的人生：

1. 独立性：认同自我，适应变化，并能主宰自己的生活。
2. 关系：与他人合作，耐心，机智，注意细节，并通过直觉生活。
3. 创造力：沟通，发展友谊，开发灵感。
4. 突破：清楚地知道努力工作是为了什么，实际的行动力。
5. 自由：从错误中学习一切经验，敢于变革。
6. 责任：懂得爱，最终平衡。
7. 智慧：内在发展，灵性，知识。
8. 效率：影响力，实现实际价值。

命数9的人是有灵性的一类人，艺术家居多，在文字、美术、诗歌、表演、摄影等方面都具备出色的才华。他们关注生命、环保、动物，乃至宗教、灵魂，有极高的精神层次。但有时也会太过天真，在出世与入世之间苦苦挣扎。

## 能量：人道主义大爱的使者

9这个数字具备一种崇高的力量，就是广义的"为人民服务"精神，命数9的人不局限小家小业，而是对众生有着慈悲的胸怀。

你有着不平凡的一生，无论出生在哪种环境，富有还是贫穷，进步还是落后，这都无关紧要，你与人为善、乐于分享美德。你是人道主义者，于本性上无私多过自私，你见不得别人受苦，富有同情心，一草一木都会触动你悲天悯人的情怀。

你可以给予配偶或家人无私的爱，你可以给予别人关怀和安慰，你可以义不容辞地将钱物援助给需要的人，你可以给予别人方便和鼓励，你可以用心灵传达给更多的人爱的信息……你的人生主题就是——给予。但这仅仅是"可以"，并不是说你生下来就能做到，要达到这种境界，你需要具备博大的胸怀和超人的悟性。否则，当你不具备爱的能力时，你很有可能会把奉献爱心当成压力。你硬撑着勉强自己去做善人，以获得他人的认

同，这便成了"伪善"。

你并不完全相信"人之初性本善"，对此会有疑虑。你看到的恶要多过善，因为你很容易被人欺骗，尤其是一些打着公益幌子的活动，或是邪教组织，都能对你产生吸引力。你在尚未对生命有所认识之前，过于天真盲从，对人性缺乏正确的分辨，更不懂拒绝。这些经历一旦积累多了，你将对很多事情感到失落，从而失去生活的乐趣。

对于能做得到的事，你会积极地与别人分享，希望每个人都能和你一样；可当遇到自己做不到的事，你内心的罪恶感会比任何人都强烈，但行为上依旧会很高调。比如遇到捐款的问题，你内心很希望自己能出一份力，这是你体现自我价值的时刻，可暂时你没有金钱上的能力，于是，这就成了你一个沉重的心理负担。你无法面对"袖手旁观"这样的行为，说和做不统一，这会让你很自责。这时候你很可能会选择去做超能力范围的事，让自己陷入被动局面。

你的命运与创伤、疾病、失败、变故、丑闻等戏剧化的事件联系密切，它们的发生将会改变你整个的生命过程。千万不要恐惧痛苦，这刚好是老天赐给你的"任务"。这些不寻常的事件会带给你对生命的深刻认识，只要勇敢地面对，你会发现没有什么事情解决不了。

随着经验的增长，你会与内心的天赋灵性会合，于是，你成为离宇宙最近的人。这时的你很可能会成为"哲学家"，能够与他人分享你的智慧。

而命数9最容易犯的错误，是用善意制造狂热。当无法达到自己期待的结果时，反而会误导别人，给自己带来痛苦。

## 人际：修行的鸵鸟

命数9的人有种与表面反差极大的状态，看起来热心，一切为别人考虑，可实际上内心的疏离感很强，甚至有的命数9者会给人一种淡漠的感觉。仔细观察才会发觉，命数9不是对任何人都无私，而是有选择性的。

第三章
生日是隐形的向导

你在乎和平，轻易不会与人冲突，即使脾气不好，也会克制自己发怒的情绪，你不想伤害任何人。所以，你给人的印象会有两种，一种是大善人，一种是怯懦的人。对你欣赏的人，你就是大善人，你愿意为他们付出，跟他们分享你的见解，诚心希望他们快乐，并忘我地成全他们的一切。对于不投缘的人，你就是胆怯的人，因话不投机，你懒得去争去抢，也不想改变谁，所以会表现出无所谓的态度，并且显得无精打采。

你尤其抵触激烈型的人，那些过于张扬、爱表现自己、思维强势的人都会让你有压迫感。你喜欢与艺术型的人往来，因为他们更为单纯浪漫，能给予你更多的幻想空间。而太过现实的人会令你的精神无法放松。

你的一切都是淡淡的，没有觉得人际关系有多么重要，因为目的性不太强的缘故，朋友对你来说就是喜欢与不喜欢之分。像那种夜夜笙歌的生活你很难忍受，也许会因为怕别人不开心而去勉强敷衍，可心里还是想着清净点为好。你不喜欢生活起伏过大，充满刺激，宁可在家看看书，看看漫画，听听音乐，做做春秋大梦。

在你身上总有一种"修行人"的状态，对自己要求不多。当别人要求你这样那样的时候，也能漫不经心，不至于立即反抗，大不了脸色难看一些而已。

你并不喜欢表现自己很强大，强与弱在你这里概念模糊，所以一个不想当强者的人也很少吸引依赖者。谁想依赖你那真是自讨没趣。你是真靠不住，因为你总是站在中立的位置默默看周围的一切，能让你神经错乱的只有遇到爱情。

你有时低调到过分，因觉得自己还不够"好"，也经常自贬，这是由于你很希望满足他人的期许，这个"他人"也包括一些传统的模式规则。比如说，你并不喜欢小孩子，但假如有人告诉你，不养孩子是不对的，你可能就会为此动摇。你的立场随时会被他人的观念所影响，无法坚持自己内心的需要。

你能接纳别人，可也会乱接收信息，尤其当你的环境中出现很多攻击

性强的人时，你会乱了分寸，这包括那些爱说教的人、爱炫耀财富的人、爱灌输别人保守观念的人。这些负面能量会让你无法消化，唯一的办法就是大不了逃掉，你就像一个鸵鸟，一头扎进地下，让问题不了了之。

### 感情：悲情的妄想家

爱是命数9全部力量的来源，无论是事业、家庭、财运还是自我实现。爱，对他们来说是一个发电机，能源充足的时候，可以造就自己和周围的人，乃至大众。当受困于爱，爱成为你的难题时，你的生活也会显得混乱不堪。

感情问题是你最大的"麻烦"。你总是爱上惰性很强且有些古怪的人，总是期待这个人和自己想象的一样，总是沉重地肩负起家庭责任和义务，总是遭遇空欢喜一场的爱情，总是付出太多得到太少，总是明明直觉已经告诉自己"不行"，可偏偏还去做那个梦，总是像个母亲一样关怀照顾别人……

命数9者是带有悲情色彩的人，悲在对人对事的期待不实际，空想太多。包容的度如果掌握得不好，很容易变成纵容，就好比，如果妈妈对孩子的爱过于泛滥，当孩子从襁褓里挣脱出来的时候，自然想逃得远远的。

命数9女人的感情关系往往是母子恋，你会对孩子气的人很有兴趣，倾向于不把男人当成年人看待。在你这里，男人是个大孩子，要宠着，要培养，要替他承担责任，要监护他，甚至可以为他赚钱，从而去实现投射到这个人身上的愿望。只是，当你发现这个男人并不是你所期许的那样，分手离婚的念头就会一直在你脑海里盘旋。但你仍旧很难放弃，毕竟付出太多了，最后仍侥幸地希望他能如自己所愿。直到"孩子"先走一步，告诉"妈妈"我受不了您了，我想做个大人，或者"妈妈"无望到了要放弃这个孩子的监护权，这时你的梦破灭了。

喜欢妄想是你的致命伤，你凭着超强的想象力，经常会产生不切实际的妄想。比如，这个人本只有一点微不足道的小聪明，爱才的你却多么希望他才华横溢；那个人本已和你无缘，到了分手的边缘，可当你看到他对朋友的孩子表现出喜爱的时候，你立即想到，假如我们结婚有了孩子，是不是关系就会好转一些呢？可惜最后现实总会告诉你，这只是你一厢情愿的妄想而已。

命数9的男人同样有服务精神，喜欢照顾女人，承担责任，懂得怜香惜玉，她越是有一种需要你拯救的柔弱感，就越能引发你的爱意。你最受不了对你好得让你受不了的女人，因为这样的她会剥夺你施展爱心的权利，这会令你感觉丧失了自己的价值。

人多的饭局在买单的时候，掏钱的人虽然破费了，但掌握了主动权，心情依旧很愉悦很满足。而蹭吃蹭喝的人，虽然吃得愉快，可是当别人买单的时刻，心情表情都不自信。你就是那个买单的人，你要的就是这样的主动权，除非你觉得不值得。

学会放手也是命数9者需要应对的感情难题。当一段感情已经出现危机的时候，你无法说"不"，因为这会让你很内疚，只能任其恶化下去。你真的需要知道，没有什么是你无法处理的，揣着明白装糊涂，只能对自己和别人造成更大的伤害。

## 数字之间的"化学反应"

当命数9者生日里1能量过大时，面子问题是你的一大障碍，这会扰乱你的精神意识，而让自己显得对事物有种苛刻的态度。

当命数9者生日里2能量过大时，9和2有个共同点，就是想象力太丰富，这时候，凭想象判断往往会让你产生严重的错觉。

当命数9者生日里3能量过大时，你会在感情上维持长久的关系有困难，因你随时都会改变心境。

当命数9者生日里4能量过大时，容易在挫折面前失去斗志，一成不变就是你的绊脚石。

当命数9者生日里5能量过大时，9是容易让心境变化的数字，有5的

调和，能帮你增加定力。

当命数9者生日里6能量过大时，你具备为人民服务的美德，可更要平衡好付出与索取的关系。毕竟6和9同是需要无条件付出爱的数字。

当命数9者生日里7能量过大时，智者更需要自信，坚定的信仰会成为你开启智慧之门的力量。

当命数9者生日里8能量过大时，在无欲与有欲之间有对立面，可也能相互扶持。从事业心获得财富去帮助更多的人，才是最可行的大爱之举。

## 特殊命数：卓越数

卓越数是带有双重力量的数字，出现在命数中常见的只有11、22、33。具备卓越数命数的人，自身具备两个数字的力量，同时两者共同体现出来的负面情绪，也是导致自己矛盾重重的关键。

一个有卓越数命数的人，其人生课题的学习，比其他人难度更大，因为既要发挥出双重潜能，又要克服人格分裂特质。但此类人一旦超越和完善了自己，所获得的成就也会更为辉煌。

有卓越数命数的人需要在教训和磨难中增长自我认知，其人生带有更为艰巨的使命。

### 命数11：人与魔鬼（或神）的较量

命数11的人外在表现有典型的命数2的特征（可参照命数2的解读），但同时内心的状态又是命数1（可参照命数1的解读），这两种能量在命数11的身体里较量，就如同人与魔鬼的斗争，正与负的斗争此起彼伏。

你有理想，不甘于平庸，心中总会萌发"做大事"的雄心。但数字2的能量又会把这种自信给拉扯回去，经过周密的分析思考后，你又裹足不前，只想不做。远大的理想高不可攀，与力所能及的当下状况相差甚远，就如一个还没有解决温饱的人，脑子里整日想"我要造一个城堡，成为那里的主人"，这理想在现实面前是不是有些可笑呢？

你是有超强直觉的人，能敏感地察觉周围的信息，并会从中受到各种启发。这种觉知能力假如善加利用的话，会令你成为最有先见之明的智者。但是，你必须注意要从现实出发，一步一个脚印接近自己的目标，而不是没学会走就先要飞起来，这样只能摔得很惨。

你有领导力，喜欢支配，要做主角而不甘心做配角。只是在你的人生里，你总会不自觉地走向配角之路。这让你很难平衡，于是就在自卑与自负之间徘徊起来。找到真实的自我是你人生的一大课题，这个课题不是"我想做什么"，而是"我适合做什么"。一旦达不到所想的目标，你就

会出现急于证明自己的鲁莽举动。

命数11的人都是聪明人，既具备数字1的强悍，也有数字2的柔性，有雌雄一体的特点。如何平衡好这两股力量，还真不是件容易的事。一个有能量的人最该清楚自身的强弱，不能在弱的时候出击，在强的时候退缩。对于你，最可行的修炼就是先把脚落在地面，克服数字1的自大与眼高手低，克服数字2的软弱与依赖心，从小事做起，慢慢才能实现你的"城堡梦"，而不是急于证明自己的强大。

我曾在博客写命数11的时候，写了这样一段话："通常乞丐只嫉妒比他能干的乞丐，而不会去嫉妒一个富翁，而命数11的人假如是乞丐的话，基本不会与同行攀比，而是非要跟富翁站在一条线上。"一个命数11的人看到后对我说："你为什么不想，这个乞丐早晚是富翁呢？"没有办法，命数11者处在未觉知状态时，就是这样"胸怀大志"，高估自己的能力，而无法从当下出发。

命数11需要一个从愚到智的过程，在这个过程中，你要敢于认可自己的愚，才能看到自己的智，用经验和悟性来平衡1和2的冲突，此时的你才有可能成为非凡的人才。在数字学上有这样的说法，命数11的人要么是实现伟大成就的人，要么就是自我毁灭的庸人。

## 命数22：执行你的先见之明

命数22同时也是命数4，而且也带有11的能量。阴阳学中有个道理"阴极至阳，阳极至阴"，命数22具备相当大的能量，如能具备自信心，会拥有神奇的将梦想变为现实的能力。

你有预知的能力，两个数字2的直觉力是你最大的天赋，你洞察力非常敏锐，能察觉到各种信息。尤其对人的观察，细微到对方一个眼神一句话，你就可以判断出真伪虚实。这种能力让你做事小心谨慎，但注意不要用过头，不然会给他人带来很大的压力。

与命数11一样，你同样也是充满远大的理想，期待自己有一番作为。但你的通病也与命数11相似，就是想得太高太大，却缺乏实际基础。而且由于数字2的能量过大，你更加爱胡思乱想，却又缺乏自信去实现理想。将想法付诸行动是你需要学习的关键一课，毕竟你有数字4的能量，要靠实干来完成你的期待。一旦好高骛远，你就会成为一个依赖心极重的人，窝在家里放眼未来而不顾及当下，做了无数的计划都是纸上谈兵，一边不满现实，一边又雄心勃勃，这样的人生是不是很痛苦？

在沙漠里，一个有先见之明的人靠感知察觉到远方有条小河，口渴难耐的他恨不能插上翅膀飞到河边。可他对自己的这个判断没有信心，他不停地想：万一那不是条河怎么办？走到那里我岂不是白费力气？等想好下定决心，已经 天过去了，他更加口渴，几乎要晕倒了。于是他开始计划如何走到河边。他预计用一天的时间到达目的地，可刚走一个小时，他就打退堂鼓了：算了，等我走到那儿时，也许已经渴死了，现在这么辛苦有什么意义呢？于是这位有先见之明的人放弃了目标，最后干渴而死。

命数22的人需要学会说干就干的行动力，并坚持到底。你并不是没有这个能力，毕竟你也是命数4，有很强的执行力，关键要看你能不能将所想的付诸实施。

你非常需要积累经验和实干能力，这是你的个人使命。与命数11不同，11是靠灵性与思考找到自我的启发，而22则是靠实干来落实你可行的大构想，你更需要加倍的行动力。否则你就会像那位沙漠中的先知，因退缩自灭生路。

## 命数33：真善美的求证者

命数33有卓越数之师的说法，33融合了11、22、3的特征，加上6的完美主义与关爱精神，拥有的是最高力量。

但作为卓越数，共同的艰辛就是克服人性里的各种负面因素，如11的支配欲和好胜心，22的犹豫不决和缺乏勇气，还有双重3的肤浅与不成熟，以及数字6的完美主义。能力越大的人，责任越大，所以你的挫折与荣耀并存，完全取决于你能否释放正面的力量。自强而不自负，利用你的好直觉和聪明才智，不吝啬地奉献你的爱心，做到这一切都会让你获得惊人的回报。

命数33的人有个特别明显的特征：爱美，有对自己苛刻的爱美之心。

## 手记：从生日找到你的阳魂和阴魂

荣格是位奇特的心理学家，他的心理研究综合了多种神秘文化，如占星术、中国易经、古老炼金术、毕达格拉斯的占数学，以及中国道家文化。他的理论对西方心理学家都有很深的影响力。

荣格有个著名的"灵魂地图"：

1. 人格面具：是灵魂用来应付外来世界的面具，在真实我和社会我之间，选择我们所愿意让人看到的一面，这就是面具。

2. 自我意识：自我是意识中心，就像国王坐在宝座上，统治着意识的国土，但这国土对心灵而言，还只是很小的一块。

3. 阴魂和阳魂：男人和女人的异性灵魂，这是潜意识里的因素，既与父母的影响有关，也与天生的个性有关。

4. 自性、本我：在心灵的中间，这是人类心灵的核心本质，被许多原型围绕，也许这个原型是捣蛋鬼，或是魔术师、外星人、死神等等。有的原型很难被自我接受，便从梦中出现。本我包括各种年龄，不在我们的时间向度之内，这也意味着本我会贯穿我们的一生。

关于1、2、4三点，不在我要探讨的范围，而对于3，其中关于阴魂和阳魂的说法，则是最有意思的人性特征。阴魂是男人潜意识中女性的部分，阳魂是女性潜意识中男性的部分。用大白话说就是，别看你的外貌、生理是个女人或男人，但在最隐秘的内心处，你另有一个男人心理或女人心理。

打个比方，那种事业强悍感情上脆弱的女强人，就是阳魂特征明显的女人。为什么这类女性在工作事业上打不垮，而在感情上却正相反？这与社会传统强加给女人的一些观念有关，例如，你要像个女人的样子，你不能太强了。天生性格与传统观念一旦冲突，人就会在情感状态上不自然不自在，会把自己先放在一个弱势的情感位置上，却依旧用强势的性格去相处。而假如能正视自己的阳魂特征的话，属于阳魂的女人们就不用去争当小女人了，当个顶天立地的大女人才是正道。而那些阴魂特征强的小男人们，更用不着因脆弱敏感、情感丰富而感到自卑了。

许多人因人格分裂苦恼不已，这是普遍存在的集体潜意识症候。因为现代文明，我们逐渐失去了与大自然之间的"神秘参与"。不过，阴魂和阳魂是天性，不是后天形成的，从你的生日就可以找到你的阴阳魂。

把你的生日列出来，来看下有几个奇数和偶数。我找个明星生日做例子，如范冰冰，她是1981年9月16日出生。从她的生日上我们看到，1、9、1、9、1为奇数，生日数为1+6=7，还是奇数，再找天赋数1+9+8+1+9+1+6=35/8（天赋数和命数）。

这样整合下，她一共有8个奇数，3个偶数。这样看的话，范冰冰尽管外貌是女性化的，其实她是有很强的男人心理的女人。有事业心的女子基本都是阳魂比较明显的。因为奇数为阳，偶数为阴，生日里奇数多的人都相对独立好强，服从心差，脾气冲，竞争意识强，偶数多的人则依赖心重、细腻敏感，善于配合，当然也软弱。

毕达哥拉斯说过，每个数都有美丑，每个数都有男女性别。了解了这一点后，最好能诚实接受自己的特征。假如女人阳性的一面过强的话，不要去自我怀疑"我是不是过于好强了？不行，我得改改"，这是天性改不掉，何必要改？不如善用这个强，去发挥你的阳魂优势。而阴性特征强的话，最好也别被他人的成功能干所影响，要是非逼自己去做无能力胜任的事，也是种煎熬。柔软也未必就是坏事，没有你的柔，如何克他那个刚呢？

这世界本身就是个八卦图，由阴阳组合而成，不管你是男是女，是阴是阳，是奇是偶，这都是你的灵魂。

# ——— 先天数——天性真面目 ———

先天基因数由出生年月日组成，如2010年5月21日生人，出现了215210一组数字。先天基因数字如我们的基础密码，它不掺杂后天潜能部分，仅仅是单纯的天性透露，也就是说，这串数字就是我们的真面目。

我们活着，是为学习而来，这是一个养成游戏。你要允许自己逐渐成长，就像婴儿学步，从爬到学会步履蹒跚地行走，再从走学会跑起来，这需要一个又一个阶段来完成。

年、月、日的数字有不同的分工，代表了人生三大阶段的养成过程。

## 出生月——第一阶段（型塑启蒙期）

你是几月生人？出生月数字代表人格形成阶段，这个阶段大概包括从出生到青年期，出生月数字可代表这一阶段的性格和行为方式。

"三十而立"是孔子的一句名言，后人因此常把30岁当作成熟自立的开始。假如男人到了30岁依旧一事无成，就会被认定为生活失败，而许多女性更把30岁当作婚嫁的最后期限。"我都30岁了还没结婚，我是剩女！""我眼看30岁了，没有男朋友很着急"，这些紧迫感很容易造成女性自我贬低或急于求成的心态。

时代在变化，有些老话只适应当时的年代，如果套用到当今，就会成为一种束缚。30岁是否能立，是否代表成熟，对每个人来说答案都不同。总之，大概30岁之前，这是人最重要的一个成长阶段。在这段时期，包括性格特征、家庭影响、学习方式、环境背景等，都会对人的成长造成影响。

从生月数字可以看出你成长期的命运特征，由命数来决定你成长期的长短，不同命数的人有不同的成长阶段，这与个人性情有很大联系。如型塑启蒙周期最长的就是命数3的人，需要34年的时间，这也刚好符合命数3

人的晚熟特征。而周期最短的是命数2或11的人，他们的成长年龄范围在
0~26岁，也就是属于早熟型的人。

以下是第一阶段年龄范围对照表：

| 命数 | 第一阶段 | 命数 | 第一阶段 | 命数 | 第一阶段 |
|------|----------|------|----------|------|----------|
| 1 | 0~27岁 | 4或22 | 0~33岁 | 7 | 0~30岁 |
| 2或11 | 0~26岁 | 5 | 0~32岁 | 8 | 0~29岁 |
| 3 | 0~34岁 | 6或33 | 0~31岁 | 9 | 0~28岁 |

出生月数字也就是第一阶段成长关键数，如某人命数为8，生月为4
月，那么在他29岁前，他的生活模式有明显的数字4特征。

### 生月数计算方式

数字的计算都是以简化到个位为止，1~9月生人，出生月都为单数，
如，5月生人的生月数为5，8月生人的生月数为8。

11月和12月生人，必须要简化到个位数，11月的出生月数为1+1=2，
12月的出生月数为1+2=3。其中最特别的生月是11月，因11是卓越数，具
备两个1和一个2的双重影响。

1月生人：

你从小就体现出一种独立感，身边总会随时出现需要你帮助提携
的人，你也很乐意以强者的姿态自居。你很不喜欢别人对自己指手画
脚，包括你的父母，否则你会过得比较压抑，因为1的能量就是"我说
了算"。

青少年时期你需要担当重任来证明自己的价值，你的责任感很强，做
事有能力，很难被忽略，所以小领导这些身份能让你发挥好天生的领导
力。1月生人性情孤傲，自以为是，很难接受周围的反对意见。这种顽固与
自尊过强、好胜有关，因此，你在年轻阶段最需要认清自信与自卑之间的
区别，而不是只懂得粉饰表面的强大。

2月生人：

你的感觉敏锐，擅长分析总结，具备准确的直觉力。你给人印象多少会有点理性，这与你总是想得太多有关。假如对一个问题反复衡量利弊的话，自然就失去了最初的直觉，让人变得犹豫不决。在青少年阶段你有超强的依赖心，看似比较好相处，实际上，在"柔软"性格的背后，你也非常任性和情绪化。

因2有两极分化之意，基本算是一个矛盾体。你会一方面精于分析，有自己的主见，可另一方面又不确认自己的思考，更希望从别人身上获取力量，包括让别人帮你做出选择。

3月生人：

3月生人有着聪明灵巧的性格，喜好文艺，能接收各种新生事物。因3这个数字太注重外在形式，难免会忽略内心的真实需要，所以3月生人在此人生阶段当中，常常外乐内忧，隐藏自卑和悲观，刻意夸大乐观。

你最怕被否定，十分渴望身边的家人和朋友能时刻注意到你的存在，并渴望能得到他们的鼓励。你在青少年阶段比较奔波忙碌，精力不集中，浮躁，无法在精神方面成长，给人长不大的印象。

4月生人：

生在4月的人做事会比较"稳"，不管性格是张扬还是内向，你特有的稳定感，时常会给人外粗内细的印象。你算是比较精明的人，这与数字4需求安全有关，没把握的事轻易不会去做，必须周密计划后才会行动。你在青年阶段不管外在如何活跃激进，内心或多或少都有些保守，给自己的限制过多，并喜欢纠结细枝末节，固执己见。

你求实际，很小就懂得生存之道的重要了，这可能与父母传统观念比较强有关，或者你的家庭在物质方面有一定压力。

5月生人：

生在5月的人有颗驿动的心，对很多事物都有兴趣。你是自我主张强悍的人，从小就不安定，经常会有心血来潮的决定，如漫无目的地游走，或者离家去寻找自由。在青少年阶段，生于5月的人经历的事情比较戏剧化，喜欢冒险，敢于放弃与开始，完全凭性子做事，很怕被束缚。但有时也会出现自由散漫、无法无天的叛逆行为，惰性强，有时做的决定让家长和旁人很难理解。

5月生人主宰自己的能力比较强，你的随性也会造成自己搞不清楚选择的路是对还是错？是勇敢还是逃避？

6月生人：

即使你外在看起来对时尚前卫的事物充满兴趣，还是掩盖不住你骨子里的传统。你道德感很重，所以多少会内外表现有些不同。6这个数字与家人、责任分不开，当你决定事情的时候，考虑最多的是父母的感受，责任心的评判，这都会成为你选择的标准。你是非常孝顺的人，为了责任会去承担超能力范围的事，这会让你的内心感到不平衡。

6月生人的青年时代在感情上的得失折腾比较令人头疼，爱照顾别人的需要，所以，此阶段的重大课题就是真正懂得施与受的关系。

7月生人：

此月生的人智能高，爱思考，寻求真理，但从小到大都比较孤僻，很难与人相处。你的疑心重，遇到问题总会反复衡量，角度比较悲观，甚至会阴暗。你习惯用一种自以为是的逻辑看待世界，你怀疑的眼光正来自于对自己的不信任，由此你的不安全感也就特别强烈。

你是靠自我反省进步的人，必须想明白，想彻底，找到问题的根源才能叫自己安心。你很容易被正规学习之外的东西吸引，这恰巧能启发你正确的思考方向。

**8月生人：**

年纪小的时候，你就知道金钱与成功的重要性，即便是你清高地否认，内心的欲望还是无法忽略掉。只是，注意力都在现实上的时候，难免会忽略其他。你是有能量的人，洞察力也很出色，还具备一定的领导力，这些都能助事业一臂之力。但是急于求成的心态反而对你的成长有一定阻碍，使得你很难一步一个脚印走向你的目标。

对于8月生人来说，很容易急于求成，缺乏耐心一步一步前进，而所有的"急"都来自你超强的掌控欲。

**9月生人：**

生在9月会给你的人生增加难度，因为这是人性与神性结合的数，你会是利他人的无私者，但哪个人年少时不是以自己的喜恶为出发点呢？这只能叫你压抑自己的私欲，使你显得非常孤单。

你是有灵性的人，在成长中会逐渐显山露水，从小到大你总能接触到与神秘相关的事物，一件又一件事堆积起来，会把你带到重视心灵发展的层次。

9月生人经常有催眠式的想象力，沉浸在理想与现实无法统一的情结里。这一点最影响的是你与现实环境的接触，包括人际关系，情感。你眼光是挑剔的，追求的完美仅仅存在于幻想中，只是种错觉。

**10月生人：**

与1月生人不同，因为多了一个天赐的0。10月生人尽管有1的特点，但要少些尖锐强硬的姿态，在做人上圆润许多。你看起来随和亲切，有时还能屈能伸，实际上你骨子里有着十分要强的斗志，傲气也很重，有极强的表现欲。

由于0的影响，会削弱1的霸气，但同时也多了优柔寡断，这就是自我意识和直觉意识之间的一个拉扯。当你面临选择到处问别人"我该怎么办"的时候，其实你心中是有答案的。

11月生人：

11这个数字叫卓越数，有1和2的双重能量，它算是精神层次比较高的数字。一个生于11月的人会明显感觉到青少年阶段的自我挣扎。"你是自己的敌人"，这句话送给11月生人最为恰当。1的自以为是、傲气、眼高手低都会在你身上兴风作浪，但同时11又是2，习惯依赖，感觉细腻，独立能力并不强，这两种特质混杂在一起，会让你的青少年时代心比天高命比纸薄。

冷的背后是热，热的背后是冷，自负的背后是自卑，自卑的背后是自负，你总是交织在这种矛盾当中。这恰好就是11月生人的命运，你可算是一个战士，一旦战胜自己就会涅槃重生。

12月生人：

12月生人的出生月数字是1+2=3，是123三个数字的综合体，所以在你身上会同时出现3种数字的特征。你有3的灵巧和孩子气，具备2的感性和分析力，而1的好强好胜也随时要冒头。三位一体有点混搭的意思，你有哲学艺术方面的头脑，也很有远见，是理想主义者，但也自相矛盾，所以各种特征会让你错乱位置——束缚与自由，成熟与幼稚，自负与自信，传统与前卫，责任与放任，等等，各种对立面都会在你的生命里此起彼伏。

1-2-3有节奏感，所以12月生人在青年时代面对的课题，就是如何让成长的步伐走出应有的次序。

## 手记：星座与数字的关系

占星上有三大重点，太阳星座、月亮星座、上升星座，这三点可以代表一个人的大致整体特征。假如把这三点形容成一件独一无二的时装，那太阳星座就是你个人的品牌，月亮星座是质地，上升星座是衣服的款式和风格。而加上生月数字的话，就成了——如何更好地穿出这件衣服的品位和个性。

从养成第一阶段的生月数看，数字的意义与星座的意义非常一致。就如有人问我，既然数字这么神奇，那星座还准吗？其实，不论哪种演算方式都具备相同的结论，并没有任何冲突，生命的规律即如此。

12星座在占数中有重要的位置，并可从1~9排列出次序与代码。星座数没有12个排行，只有9个，因为数字到十位数必须化为个位数。

### 数字1：白羊/魔羯

这两个星座虽然一火一土，但同样具备数字1的影响力和号召力。白羊和魔羯自主意识很强，重视成就感，也死要面子，不容反对。

生于3月底和4月的白羊不太一样，3月白羊要更外向活跃，多变，4月白羊的组织能力很强，性情更固执。魔羯这个星座在领导能力上比白羊要更强悍，毕竟1月生人，本身就带有数字1的能量。再加上实际排行是第10位，0的作用不可忽视，这让魔羯比较有灵性，少了些尖锐和攻击性。12月底的魔羯更有艺术感。

### 数字2：金牛/水瓶

这两个星座实在不搭界，没什么相似之处，可同样属于2。

金牛很有数字2的特征，对美感、艺术、享受有出色的感受力，而数字2的倔强和分析力、不果断也体现在金牛身上。金牛若生于5月，即使他们再倔强都知道自己要什么，非常懂得坚持。

水瓶之所以与金牛差别大，与实际排行是第11位有关，并不是绝对的数字2特征。水瓶理性而有头脑，也比较古怪，拥有数字11的人魔一体的特征，数字2的柔和只是水瓶的外在面具（生于2月的水瓶看起来更随和），而内在是两个1，清高又有霸气。

### 数字3：双子/双鱼

又是两个不同的星座，但共同点都是双生一体，带有孩子气。

双子是典型的数字3特征，鬼机灵话多，好奇心重，6月的双子比5月底的双子更爱交朋友，内心也更传统。

双鱼实际排行是12，兼并1和2的特点，能配合他人不善拒绝，缺乏主见，可又很在乎独立。生于2月底的双鱼更有艺术创意，3月的双鱼自我怀疑相当严重，内在儿童特征明显。还有一点，这两个星座都是拒绝长大的人。

数字4：巨蟹

巨蟹座与数字4特征完全吻合，需要安全感几乎神经质了，很在乎稳定与实际。

6月巨蟹自然有6的热心肠，朋友多一些。7月的巨蟹想得太多，疑心重，也爱挖掘真理，相比6月的巨蟹要孤僻很多。

数字5：狮子

狮子座给人的印象有老大威风，有霸气，但实际上这个星座是最喜欢自由的，因怕被牵着鼻子走而先声夺人，所以感觉上很有领导能力，其实不然。

7月底的狮子惰性强，爱思考，不容反对。8月的狮子做事有魄力和企图心，并在乎事业。

数字6：处女

了解星座的人都知道，处女座很宿命，热衷宗教算命的处女座非常多，爱帮别人解决问题，同时也是完美主义者。处女座与数字6的特征完全一致。

9月的处女座对生命更为好奇，内心总有焦虑感，处在现实与逃避现实之间，道德感也更强，直觉了得。8月底的处女座有事业心，注意力多在工作和实务上，比9月的处女座少了些感性。

数字7：天秤

12星座与数字的联系都很贴切，其中只有天秤属于数字7有些令人费

解，因为，似乎数字7的特征更像天蝎。这是因为天秤的外在形象都集中在了有品位和不果断上，可假如结合数字本质去看的话，有品位也是数字7的特征，而不果断与重视逻辑、疑问过多有直接的关系。

生于10月的天秤1和0的能量很强，所以做领导上司的天秤并不在少数。数字7人有个让人印象深刻的举动，第一次见面，你会觉得此人很热情，给足了人面子，但假如你不讨数字7人的喜欢的话，下次就不会再见了，可你并不知道为什么。这是不是很天秤特色呢？

数字8：天蝎

财富与权力似乎和天蝎的追求不搭界，可最富有的天蝎叫比尔·盖茨。财富与权力才是天蝎掌控天下的钥匙，一切都来自其超强的掌控欲。假如某个时代需要打仗，财富不重要，那天蝎肯定要争夺权力。而8的善与恶两极化也是天蝎式的。

11月的天蝎，比10月底的天蝎要心高，卓越数的缘故，所以11月的人，奋斗史都很坎坷，有过很挣扎并且眼高手低的阶段。

数字9：射手

射手座是理想主义者，喜欢哲学，有远见，这都与数字9很类似。

射手也有一个小毛病，就是爱说错话，给人感觉无知，可深究起来的话，这和想象力强有关，并不是真的肤浅。

射手座心直口快，表达急躁，一出口就有说错话的问题。这与12月生有关，12就是数字3，不得不承认，射手说话不入耳，可句句是真，非常坦白。射手座人很纯真，3的孩子气，1的独立性，2的感受分析力，再加上9的梦想家特点，综合起来看非常具有多面性。

11月底的射手给自己的压力最大，很想出人头地，12月的射手不现实，玩乐心重，但不小心眼，而且冷不丁就冒出先知先觉了。

# 出生日——第二阶段（产出壮年期）

出生日即你的生日数字，这是影响我们成人后人格的重要数字。可把人比做一件产品，第一阶段开始设计、打造、生产，是产品的制造过程，然后作为成品包装上市；第二阶段就是每个人独有的个人形象，这一部分属于"产出"过程。从年龄上划分，第二阶段已经从青年进入壮年期了。

第二阶段的性格状态靠生日数决定，也就是你是几号生人。凭生日数能快速了解一个人的基本特征，尤其是外在表现出的性格特征、生活方式、心理模式，甚至包括气质。国外有数字研究者专门写过"生日书"，就是针对生日数字统计出的一个当天生人的普遍状态。

生日数的特征从小到大都会对我们产生一定的影响，属于个人基本性格因素，但最为明显的生日特征体现在成年后的青壮年时期，也就是说，它主宰人生命的第二阶段的部分。年纪大一些的人都会有此感受，随着年龄增长，生日数的特点会越来越突出。

关于出生日的特征可同时参考命数部分的详细解析，以下是与命数对照的第二阶段年龄范围表：

| 命数 | 第二阶段 | 命数 | 第二阶段 | 命数 | 第二阶段 |
|------|----------|------|----------|------|----------|
| 1 | 28~54岁 | 4或22 | 34~60岁 | 7 | 31~57岁 |
| 2或11 | 27~53岁 | 5 | 33~59岁 | 8 | 30~56岁 |
| 3 | 35~61岁 | 6或33 | 32~58岁 | 9 | 29~55岁 |

如命数7生日为5的人，在31岁-57岁的阶段会重点表现出数字5的性格特征，在这个个人生命的第二阶段，数字5的表现会成为其个人形象，与命数相辅相成。

### 生日数计算方式

如2月1日生人，生日数为1，而2月19日生人，生日数也为1，但要把19相加简化到最后一位，1+9=10=1+0=1。每遇十位数时必须相加简化到个位。

生日数的范围最大，从1~31可细分数字的组合。如8号生人与17号生人，尽管生日数同为8，但区别还是比较大。8日生人会有典型的数字8特征，而17日生人同时具备1和7的特点，这必须要结合看才会更为准确。

当生日数出现十位数的时候，也可以用这样的形式写下来，如17日生，就是17/8，21日生，就是21/3。

## 生日数1

在第二阶段，你身上有种奇特的带动能力，无论你做什么职业，都会被推到最前方，很难默默无闻。但要时刻注意，不要自我意识过强，过于自我中心，缺乏耐心，这都会让你在人际上出现问题。（可同时参照命数1的意义）

### 1日生人：

坚强的意志，自力更生而独立，具备发明创造的天赋。

拥有强而有力的能量，能带动周围的人，是很出色的领导型人物。

爱做计划，经常会冒出很好的主意，可惜完成起来有点难度，因为标榜过多，执行起来反而并不容易。

好独处，爱思考，能在孤独与热闹之间游刃有余。

经常把注意力放到面子上，而不是寻求心的指引。过度在意自我形象会导致自己的过分敏感，小心维护自尊也会令别人精神紧张。

自恋到有些傲慢，喜欢周围随时有人做陪衬，支配欲过强，即使去助人也要求获得赞美之声，把自己看得过于强大。

逞强好胜仅仅是为了别人的一句话，或者害怕落后于人，这样一来对自己实力的把握就会有偏差，很难认识到自身的不足，也无法取得真正想要的结果。

在感情上也是因为自尊过强会有压抑情绪的倾向，任性，自私，思想开明而行为保守。

**10日生人（1+0=1）：**

相比1日生人，个性里多了一些"弹性"，少了尖锐多了独立和感知力。并且面对困难时解决起来会容易一些。

喜欢引人注目，从外表到智能都需要成为焦点，假如你是个美人，也更希望他人能看到自己有头脑的一面，而不会只满足于外貌的吸引。

在生活中随时会流露出领导者的气势，万事不愿意求人，做事一板一眼，更期待他人的服从。

注意力比较分散，随时会被新兴趣吸引，可以同时做好几件事，所以针对不同步的人，会有些严厉和不满，很容易与人出现冲突。

过于爱表现，在乎被关注，这与内心缺乏自信有关，只有通过强调优越感获得满足。

出色的创意人才，尤其在商业、艺术（尤其是音乐和绘画）等方面有一定的天分，可在主业的基础上发展这类副业。

精力旺盛，可以凭活力迅速恢复身体和治愈精神疾病，意志力非常坚强。


**19日生人（1+9=10=1）：**

个性顽强，做事锲而不舍，属力量型，同样具备领导力，即使身份上无特权，但在生活里也要处在"我说话是有分量的"位置上。

思维有逻辑，同时也具备艺术及文学等领悟力，看重知识的力量，好学上进，随时会从别人身上吸取经验，有很强的使命感。

职业选择范围很广，并不会局限在某一个地方，总是会改变环境，一旦受困必定与无法释放领导力有关。

因数字9的影响，除了喜欢独处之外，经常会本能地关注弱势群体，能为他人着想，被人需要的意识很强。

要求过高，爱批判，追求完美，总想改变他人，以此证明"我才是正确的"。

有时会表现出与数字1对立的行为，如讨好有权势的人，胆怯，总觉得

自己不行，纸老虎作风。


**28日生人（2+8=10=1）：**

数字1中最强势的人，有强烈的成功欲望（数字8的能量），在乎物质收获与精神成就的双重成功。

做事有持久力，善于忍耐，能坚持到底，始终与理想并肩作战，并且智谋出色，是个有头脑的实干家型的领导者。

具备商业天分，对成就的预期更看重获得财富，习惯用银行里的存款数目衡量价值的高低。这样的人多半会在时机到来后自行创业，拥有自己的事业。

对成功太过期待会让你显得鲁莽粗心，只关注大事不看重细节，武断，狂傲，偏执，自大。喜欢放大自己的一切，尤其对自己实力的评估会过于自信。

有强迫症，脾气暴躁，爱支配命令别人为自己做这做那，习惯操控周围。


**生日数2**

善于把握人脉、加强与人合作是你第二阶段的关键，要避免情绪化因小失大。在做决定的时候，举一反三无可厚非，可假如犹豫不定，衡量因素过多的话，就会错失很多良机。（可同时参照命数2的意义）


**2日生人：**

这是"和为贵"的代表数字，一切凭感觉，敏感细腻，处世圆通，善解人意。

很容易交到朋友，能与人协调互助。但也会过分取悦别人，依赖心重。

喜欢物质享受，对美丽的衣物和色彩都有出色的品位，在审美上有独到之处。

有犹豫不决的性格，不干脆，总想依赖别人的想法，而这样会失去自我判断。

独立性不够，精神上的依赖有时更强过物质依赖，当一切都交给别人的时候，失去自己会很沮丧。

太过敏感，敏感的人最容易被伤害，而伤害的来源其实是"自伤"，与别人无关。

敏感于环境和他人的态度时，会表现出紧张、健忘、爱抱怨他人，甚至尖酸刻薄。

## 11日生人（1+1=2）：

有丰富的想象力和灵性，也具备超强的直觉力，但作为卓越数，能量波动性很大。

有时是1，自信满满，对自己要求极高；有时又是2，善于分析，对他人的评价十分敏感。时而偏执强硬，时而又脆弱，想的多做的少，逃避现实。

两个1决定了你出色的创造力和好为人师的特点，思想上很独立，爱思考，自我意识过强。同样两个1组成了2，说明你内心又很在乎和谐与平静，重视心灵探索，有极高的精神需求。

头脑和心会相互牵制，有戏剧化的思想和行为。精神高度紧张，经常会忽略天赐的好直觉，而靠理性总结来分析去，这就会出现不实际、眼高手低的状况。

远见大过当下，对生存现状总有不满情绪，可又缺乏改变的勇气。

一旦把脚落在地面，而不是悬浮在空中，11数会成为"思想家"或出色的名人，用智慧去引导和影响他人。

## 20日生人（2+0=2）：

每遇到数字中带有0的时候，必定会扩张或缩小数字的能量。20日生人，要比2日生人更为重视感觉，更为在乎与人的和平关系。

感应力超强，凭直觉察觉周围的信息，甚至会产生预感。

尤其是与人相处，非常清楚什么样的人可以说真话，什么样的人不能说真话，这并非出自圆滑，而是直觉带来的对策。

喜欢胡思乱想，神经敏感而情绪悲观，凡事先往坏处想，让自己产生莫名其妙的恐惧感，但或许结果并不是那么糟糕，这简直就是自寻烦恼。

忍耐力一流，一再妥协克制，最后很可能引爆压抑着的不满，要的就是一个公平。虽然在乎和平，可往往忍耐造成的"不和平"状况反而更普遍。

在乎细节、美感，爱享受，害怕贫穷，只是，习惯依赖别人取得幸福，万不得已才会坚强独立。

喜欢做幕后的操作者，为了达到自己的期许，给人施加压力，一旦失败又觉得自己很委屈，很无助。

### 29日生人（2+9=11=2）：

这是一个带有多重振动的数字，被2、9、1的能量影响，可以汇聚各种力量于一身。

富于知性魅力，重视精神与思考，对宗教或神秘学有浓厚的兴趣，天生具备"慧根"。

智慧的开发与生活现状密不可分，自我价值被认可时觉醒能力非常强，有精神力量。假如生活安全感不够，反而会限制开悟，表现消极而与环境格格不入。

争强好胜，竞争心激烈，对人要求极高而不宽容，经常是站在空中往下审视周围，一旦出现不满情绪就感觉失望郁闷。但又不愿意与人发生冲突争执，这样会使心情更加糟糕。

在生存上缺乏安全感，害怕面对问题，会找许多偏执任性的借口逃避。负面思考过多的时候，即使很清楚会把担心的事吸引来，还是难以克制极端思维。

当目标设置过大的时候，无法从可行的小事做起，这样一来就会感觉生活处处受阻。

生日数3

不管你天性如何孩童气，人总是要成熟的，尤其是在第二阶段，继续保持儿童作风，很难避免在感情上遇到波折。此阶段的创造力很强，如能发挥自如，会在事业上有很大的突破。（可同时参照命数3的意义）

**3日生人：**

顽强的生命力，能使身心在无意识的情况下很快自愈。这与你乐观开朗的性格分不开，风趣，心胸宽，可爱，有魅力，爽朗，不会纠结在一件事上想不开。

想象力非常丰富，天生具备文字和语言表达能力。虽然有喋喋不休的毛病，可最大的好处是不压抑自己。

兴趣面非常广，对新生事物充满好奇心，尤其对西方的神秘学十分喜好，并急于通过这些方式了解自己和他人。

精力过度分散，无法集中在某一件事上，经常是手忙脚乱同时应付好几件事，结果哪件事都做不好。

喜欢东家长西家短，说闲话，挖苦人，但即使八卦得再热闹，也能保持闭口不谈自己，所有可笑的事，可恶的事，都是别人的。这是最难保守秘密的人，嘴太快，甚至无意中就出卖了朋友的信任，成了是非精。

在感情上，有着激烈而极端的情绪，像个任性的小孩需要有人包容，这会造成很大的情感危机。

**12日生人（1+2=3）：**

这是非常有想像力和创造力的人，在文化艺术方面有出色的感觉，可以说是天生的文艺青年。

多才多艺，懂得享受，单纯，常被生活中各种有趣的事吸引，然后培养成爱好，如写文章，画画，唱歌，烹饪，什么都会一点。

喜欢与人打交道，有很好的表达能力，特别适合做律师、演员、设计，以及与广告销售有关的职业。

对他人要求高，对自己要求低，经常挑剔别人的毛病，而对自己的要求却一再忽略，表面上看是大大咧咧，很随性，其实是有逃避现实的倾向，对自己和别人缺乏信心。

外在表现乐观积极，内心却充满悲观，总觉得自己不行，还会把这种情绪投射到别人身上，如嫉妒比自己有才华的人，看不得别人比自己美。狭隘之心会在某件忍无可忍的事后爆发，用任性的方式发泄不满。

**21日生人（2+1=3）：**

与12日生人有类似之处，同样都是文艺型的人，但21日生人因数字2在先，会在直觉与敏感度上更为有优势。所以这类人在音乐、舞蹈、表演、文字等艺术方面极有天分。

为人慷慨，爱照顾他人，善解人意，性格里有纯真的孩子气，很有吸引力。尤其很看重家庭和睦，也会对家人有依赖，会本能地关照他们，并且乐意付出。

擅长创意创造，有事业心和自己的目标，但会习惯用过度的自信掩饰内心的不确定。嘴上会说"我没问题"，可心里会暗自怀疑："我真的行吗？"这样一来就无法真实地表达自己的感受，会给旁人带来虚张声势的印象。

有一种自我感觉良好是万万要不得的。你对家人和朋友的照顾应该是出于爱，而不是努力表现"我很重要，你们没有我不行"，这种邀功的态度会造成吃力不讨好的局面。

其实21日生的人精神并不放松，总有紧张的情绪，说话声音要压倒别人，喜欢争辩，只因怕被人忽略，时刻要强调存在感。这对感情婚姻是很不利的，喜怒无常的坏脾气会造成彼此关系的紧张。

**30日生人（3+0=3）：**

又遇到带0的数字，这会加深数字3特有的表达力，并带有超常直觉。

非常爱说话的人，随时会找机会与人聊天探讨问题，表情丰富，就连说八卦新闻都能像表演话剧一样，栩栩如生地讲述给别人。聊到兴头上，会随意打断别人的话，只顾自己说个痛快。

社交能力比较强，能见面熟，不怯场，与陌生人也可以打开话匣子，很少去考虑"不熟"的问题。

语言幽默生动，能带给别人瞬间的快乐。但很爱表现，咄咄逼人，这对喜好安静的人来说，会有"耳鸣"的无奈。

对人相当挑剔，总认为"我的看法是对的"，通过与人说三道四来表达对某个人的不满。也会存在一些小小的阴暗心理，用流言蜚语发泄对别人的嫉妒。

心思比较分散，抓不住重点，会有"不知道何去何从"的迷茫。30日生人是非常典型的小孩子性情，尤其遇到感情难题，最爱用逃避的方式迂回。

## 生日数4

进入第二阶段后，你会更加努力工作，这是因为生活的压力开始无形地给你紧迫感。在此阶段，你的时间大把地分配给工作，为了买房子，为了拥有更多的安全，一不小心就成为工作狂，而忽略了健康和好心情。（可同时参照命数4的意义）

### 4日生人：

为生活稳定追求实际，存款、安定、规矩，这三点必不可少。

责任心和自律性比较强，值得信赖，做事认真，工作狂，一成不变，难免失去生活的乐趣和变化的惊喜。

对房子的需要安排在首要位置，所以为了拥有自己的房子会拼命去赚钱，有时也会因此太过奔命，忙忙碌碌为的就是一个安全感。

自给自足，做事更愿意亲力亲为，不去依赖他人，有自己的一套规矩，轻易不想打破，如并不会随意更换住处、职业变动等。

有兼职的机会从不放过，如在某个固定职业之外会从事副业，很有生

意头脑，但野心不大，仅仅是多赚点钱安身立命。

有时对生活保障的担心会导致"怎么做都不安全"，没钱的时候很不安，有钱的时候还是不安，总需要更多的保险系数，于是一生就这样在对金钱的担忧中过去了。

爱包揽责任，局限在生活基础上，无法从心灵上得到更多的出口，害怕变化，要小心循规蹈矩的日子会有心态早衰的可能。

### 13日生人（1+3=4）：

1和3的组合会让这样的4在实干的基础上多了勇气和灵气。

同样不喜欢太多的变化，比如可以长期从事一种职业，轻易不更换，但在想法上会时常有些创新，额外的爱好也比较多，能很好地把务实与兴趣分别对待。

有很出色的管理组织能力，可以做平易近人的领导者，也可以是可靠而不死板的员工。

缺钱往往会成为做事的动力，1的魄力+3的乐观，会让这个"4"表现出很大的跳跃性，安全与玩乐一个不能少。

责任感很重，经常忙忙碌碌，爱交朋友，对神秘文化和宗教哲学等充满兴趣。

外在强大，内心脆弱，往往重视表面的成就而局限心灵成长。脾气顽固，太过坚守自己的看法，不通融，不宽容，经常被误解。

家庭的稳定关系到幸福的开始和运气的提升。

### 22日生人（2+2=4）：

两个2的组合会增加更灵敏的知觉，与其他的4不同之处就在于觉悟很高，重视自身的心灵发展，而不是把精力全部投入到追求物质稳定上。

假如能完全信任自己的直觉的话，很多事都会水到渠成，如判断人和事，只要信任第一印象，基本都不会错，就怕胡思乱想，扰乱这奇妙的觉知能力。

这是一类有着超常想象力的人，可以凭天马行空的想象创造梦想，在艺术或医学等方面有天赋。

非常在乎家庭，出于责任心能为家人带来安全稳定的物质保障，而且多数22人很喜欢在家中完成一些思考，除了家，其他嘈杂的环境都会导致自己的心烦意乱。

有杞人忧天的烦恼，总是担忧未来的事，而忽略当下。

性格太过敏感，与人相处的时候防备心重，很怕被人侵犯，会有暴躁无情的举动，所以在人际关系上有点不和谐。

**31日生人（3+1=4）：**

这算是比较强势的组合，有勇往直前的魄力，是开创事业的绝佳人才。

喜欢引人注目，不甘寂寞，随时要展示自己的才能，而有趣的是，这样的人像是有魔力一样，无论做什么都能得到关注。

性格活跃，心态年轻，属于性格顽皮思维成熟的人，爱笑，有自信，喜欢玩乐，享受。

安全感是数字4做事的动力，31日生人也是如此，好强能干，只不过多了一些轻松乐观的状态，很懂得按灵性的指引去工作和生活，并且爱好哲学，喜欢表达。

领导欲强，爱强调自己的优越感，说话没遮拦，大体给人感觉很真实，可偶尔也会因为太爱表现而显得做作。

积极参与社交，喜欢抛头露面，爱自由，不喜欢独居和承担责任，有很个人主义的倾向。

生日数5

在第二阶段，你有突如其来的人生改变，不论从思想还是现实的角度看，你都与之前有所区别。在生活上你就像重生一般，过去的旧模式都会被重组，不破不立，或许连朋友都要换成新的一批人。波动性强也是此阶

段的弊病，爱冲动，太随性，能坚持住方向才是胜利。（可同时参照命数5的意义）

**5日生人：**

非常有自我主张的人，一生都在变化当中寻找自己的价值。适应能力强，无论哪个环境都能很快适应，但也容易厌倦。

喜欢接受新的挑战，随时有新的兴趣，就怕被一成不变的生活局限住，敢于冒险，如突然辞职去旅行，或者被某件事启发开始学习新的知识。

喜欢表达自己的感受，擅长通过文字或者语言与人沟通，与数字3不同的是，5这个数字在表达方面更重视心的感应，所以你不是随意找个人就滔滔不绝，而是非常有选择性，遇到对方志趣相投才会有表达的欲望。

有幽默感，模仿能力很强，永远保持旺盛的好奇心，重视探索的过程，很难人云亦云，非常在乎用事实说话。

个性顽固，顽固到一定程度必然会有偏执的倾向，既喜欢变化，可又恐惧改变，往往会执著在某一件事上走不出来。有时爱强加给别人这样的逻辑，"我喜欢的你也该赞同"，表现出的自大会让人看不惯。

太过随性，喜欢像风一样随心情好坏改变计划，如不守信，约会爱迟到，上班散漫。

**14日生人（1+4=5）：**

重视心灵成长的一类人，擅长分析推理，头脑灵活，对生命有极强的探索欲。

做事独立，有责任心，很擅长那种可单独完成的职业，如科学研究，成立工作室，以及记者编辑。这些工作不仅有一定的自由度，所受的局限也比较小。

渴望变化，但有时又害怕变化，在这两者之间相互拉扯，一旦纠缠起来，便会出现懒惰、逃避问题、故意叛逆、给自己找借口等诸多行为。

反应机敏，靠直觉和逻辑行事，爱冲动，缺乏耐心。虽妙语连珠，富幽默感，但言语无遮拦，有时会因耿直出口伤人。

相比其他数字5要实际一些，随着对生命逐渐积累的认识和经验，能将精神与物质结合在一起，当作通向智慧的桥梁。

### 23日生人（2+3=5）：

多才多艺，聪明睿智，有艺术方面的才能，而且并不局限在一种技能当中，可以同时有很多身份。

天生是个梦想家，经常受到梦境的启发而生发出灵感。预感很强，靠直觉可以决定选择。有出色的洞察力，学习的方式不按常理，经常有自己的创新。

性格豪爽风趣，为人真实，敢说真话，有纯真的心态，很有人缘。正直道德感强，但也因能看到别人的动机而爱批判，嘴碎挑剔，自恋。

做事认真，有时也认真到偏执，让自己马不停蹄，即使心力交瘁，依旧难放下，不知道为了什么在拼命。

对家人有责任心，无论多忙都能牵挂家人，重视亲情和朋友，愿意承担很多责任。

有时极不成熟，任性胡为，完全不顾及后果，固执起来不可理喻，给人压力非常大。

### 生日数6

你喜欢背负重担前进，在第二阶段你的注意力更多在"家"的部分上，但也正因如此，这段时期，家人和个人情感会成为你的动力所在。这是有收获的一个阶段，你会逐渐成为某个团体的重心，并逐渐拥有了成熟的魅力。唯一要注意的是，不要对他人过于地"好"，不然就成了多管闲事了。（可同时参照命数6的意义）

### 6日生人：

热爱大自然里的一草一木，心地善良，朴实亲和，爱照顾家人和

朋友。

喜欢朋友到家中做客或去串门聚会，对欣赏的人会生出本能的亲密感和依恋，希望和他们亲如手足。家人是你一辈子的重点，从父母的家庭开始，到结婚成家后，家始终是你生命的中心，家庭幸福与否直接影响到你事业与运气的发展。

生性敏感，就像一朵花，绚丽盛开的时候是因为听到赞美，而枯萎的时候一定是遭遇了批评。

爱享受生活，对穿衣、烹饪、布置家居都有浓厚的兴趣和感觉。热爱艺术，感觉细腻，善于观察，热爱与精神相关的事物，并乐于参与进去。

乐意为他人服务奉献，人缘极好，值得信赖，但有时也会随意承诺，对别人的求助无法拒绝，好打肿脸充胖子，同情心泛滥。

好多管闲事，过分关心别人的隐私或为别人的生活瞎操心，也会私下表示不满，对他人品头论足，嘴上会说"别着急慢慢来"，转身就成了"不可救药了"。

即使自己过得不好，也想拯救别人于水火之中，总在别人身上找那点小价值。

**15日生人：**

明智而清醒的人，凭知觉可以感受到周遭一切，获得知识的方式不是靠书本和勤奋学习，而是靠见识和洞察力积累出来的。

喜欢冒险，对艺术及美食都有极大的兴趣，喜欢居家生活，对色彩有敏锐的鉴赏力，而且可以凭色彩调节心情。

有自医的能力，也可以通过语言和倾听治疗他人，是念力强大的人，这完全取决于思考的角度是积极还是消极，例如，当消极悲观情绪到来的时候，想"坏"的就会很容易实现"坏"的。

做事容易上瘾，一旦投入某件事中，为了结果会执迷不悟，极端固执。对周围的一切都带着挑剔的眼光，追求完美，这样会失去包容力，而且很难真正爱上谁，毕竟每个人都是"有毛病"的。

太以自我为中心，有时为了自己的喜好会强迫别人跟随，例如，"我喜欢这幅画，你不喜欢是没品位的表现"。

有爱心，但一定亲力亲为，不相信任何慈善机构能比自己做得更好。

**24日生人：**

这是非常有美感的一类人，生性温柔，热爱美景、美衣、美食，对一切美丽的事物都充满迷恋。包括对音乐、戏剧、电影的鉴赏力也极佳，不少24日生人都有文艺天分。

重视感觉，同时也是个实用主义者，爱幻想可也不会远离现实，懂得从"可行"角度去考虑行动。金钱是必不可少的幸福基础，无论做什么出发点都是"我要生活得舒服一点"，或者为家人。

做事有条理，有规矩，一点一点去完成，并不急于成事。2、4、6都是阴柔数字，攻击性不强，但相当聪明，善于精打细算，对家庭有责任感。对时机的把握有天生的感觉，每一个转机都恰到好处。

性格忧郁，心重，情绪变化无常，尤其对拒绝有很矛盾的心理，一方面反感被求助，可同时又不得不承诺去帮人，这不免让自己生出许多抱怨和不满。

当生活水准没有达到自己的要求时，对他人优越的生活充满羡慕，这时会生出嫉妒心，既渴望又愤恨。

生日数7

在人生第二阶段，你会逐渐从"十万个为什么"的质疑态度走向心性的成熟，并能发挥你的头脑优势，表现出更强的说服力。拥有成熟的智慧，是你此阶段的大方向。尤其对从事研究工作的人来说，这个阶段你会如鱼得水，但要清楚，你的好运不是自己找来的，而是机缘突然来临。所以，静观其变对你最重要，不要盲目地放弃你擅长的东西。（可同时参照命数7的意义）

**7日生人：**

具备敏锐的头脑，以及深层心理分析能力，能无师自通学习多种技能，对人性以及真相有浓厚的探索欲。

直觉非常强，7的直觉特殊之处在于判断能力，如感觉某人最近会有事发生，这种直觉会突然果断跳出来，而且基本不会错。

有"算命"的本事，越是敢于肯定出口的结果，准确率越高。包括对人的判断也如此，往往凭感觉比逻辑分析更准确。

但这种强烈的直观能力也会造成自我意识过强的问题，太过依赖自己的想法，"我认为就是这样"，顽固主观，爱下结论。无法接受他人观点，除非遇到更睿智的先驱，才会在有相同依据的前提下苟同对方的意见。

事事爱质疑，只要头脑里出现问号，必定先从最坏的部分开始思考，为什么会这样？根源是什么？无数的蛛丝马迹需要调查个水落石出。这会造成焦虑感，不放松，所以7日生人时常有黑暗层面的臆想。

好孤独的人，喜欢独处思考人生。对成功有惧怕感，在逆境中感悟良多，一旦生活太过顺利，反而有莫名的不安。

**16日生人（1+6=7）：**

富于智慧和才华，喜欢工作，有时十分忙碌，但因为有独特的知性与性感结合的魅力，会拥有旺盛的人气。

热爱家庭生活，并以家人为生活的动力，甘愿为家庭付出奉献。

1和6的组合，会增加更多的直觉力和同情心，但因洞察力过于出色，与人交谈时，对方的一举一动都必须真实透明，所以很反感做作不真实的人，只要发现对方有此举动就会察觉，并热衷批判。

所有的生日7者都是好孤独的，这刚好也是拥有自省能力的方式，因此16日生人同样对心灵层面有着极大的悟性，并且对生命有独到的见解。

性情有时会暴躁，情绪化，不容易与人长期近距离相处，尤其是情感关系，经常会有短暂的开花，但无法结果。

对情感的渴望最为强烈，只是不知道如何准确地表达，过于自我中心，因为从负面看的话，1的霸道和6的挑剔会同时扩张数字7的"我才是真理"意识。

**25日生人（2+5=7）：**

才华横溢，并具备出色的感性与逻辑思考方式，最大的优势就是善于从自己入手内观自省，而不是仅仅洞察他人。

对科学无法解释的事物充满好奇和探索欲，如神秘学、宗教、世界之谜等，这些都会成为你生活里必不可少的思索课题。有可能你脑中会经常闪现一些预言，但你也许不会选择把它说出来。

有比较隐藏的个性，对自己的隐私会守口如瓶，并不喜欢与人分享，这是安全的界限。所以在与人相处中很难有亲密感，你会随时与人保持距离，适可而止。

数字5的能量会使你乐意在变化中积累经验，尤其是内心会随着际遇逐渐强大，重视精神而不屑追求金钱，不过，用脑过多的人有时也会惰性很强。

太过纠缠细节，理性与感性之间会有相互撕扯的感觉。明明直觉已经判断准确了，可又觉得这样没有逻辑，于是又用理性去推翻，自己变来变去，这样反而让自己找不到任何答案。

感情方面是最大弱点，对自己的不确定会造成彼此的不安定，建立信任是个重大的难题。

生日数8

在第二阶段，你有可能在事业方面收获良多，你想要的在此阶段均会有所实现。只是要多提醒自己不要贪心，因为欲望无止境的话往往会弄巧成拙。（可同时参照命数8的意义）

**8日生人：**

这是具有商业智慧的人，看重个人成就，希望能出人头地。不论暂时

是学生还是小职员，经商的天分迟早会显露出来，并一步步走入生意当中。

因渴望成功，即使从策划开始也趋向大手笔，而看不上小打小闹。可凭胆识和生意头脑获得财富。

适合做独立老板，不擅长与人合作，尤其是平等关系。生日8的人有能力自己做出准确的决定，而且操控欲过强，很难服从和配合他人。

急功近利是所有数字8的致命伤，这点要牢记，数字8的因果论时常应验。没有翅膀不能飞，即使飞起一时迟早也要摔下来，所以要有耐心让翅膀长硬。

太过以物质为成功标准，会失去心灵上的寄托，无论金钱多么可爱，它仅仅是个工具。假如做了金钱的奴隶，就难免贪得无厌，一身铜臭而惹人厌烦。

不诚实和邪门歪道都是生日8人走向成功的绊脚石，而太过招摇也是你遭人反感的庸俗表现。

### 17日生人（1+7=8）：

1和7的组合，代表出色的组织能力和分析力结合为一体，这样的人适合做企业的负责人，或者重大项目的策划者，魄力和脑力相结合，会令这样的生日8者如走阶梯一样走向成功。

由于数字7的能量，在某件事执行之前你会有周密的考量：可行度有多少？能收获多少？潜力在哪儿？是否值得一搏？任何事都在通过质疑后才可执行，所以，生日17的人可以做到最好。

不喜欢别人干涉自己的决定，有独特的做事方式。除了有商业头脑之外，求知欲比较强，有写作与艺术方面的天分，并且喜欢与人探讨精神层面的话题。

这是生日数8中最不以金钱论输赢的一类人，书卷气多过世俗气。喜欢音乐电影，甚至工艺品，重视生活中的小细节，敏感而挑剔。因在乎社会标准，也有跟风媚俗的倾向。

性格有点压抑，喜欢反省自己，洞察周围，经常会吸引到有灵性的人。但也顽固不化，尤其在失去掌控的情况下，脾气会变得很暴躁任性。

**26日生人（2+6=8）：**

在乎小家小业富足的一类人，有事业目标，但更渴望生活和工作之间能很好地达成平衡。

为人亲和有爱心，在人际关系方面有出色的协调能力，能为他人着想，注重和平，不愿意给别人带来麻烦。同时也很在乎别人的脸色。

做事可靠勤勉，愿意承担责任，这些优势都会带来好的回报，是个务实的实干家和外交家。

对别人的态度很在意，这一点也会带来些许不真实，要么太过一团和气，要么总表现出亲密和豪爽，似乎背后有个人目的。

贪慕虚荣，追求表面的人际和谐。势利眼，喜欢接近成功人士或者在某一领域有些名气的人，并靠此往上爬。也有可能为了出名而不择手段，哪怕是臭名昭著也无所谓。

当生活富裕一些时会有好炫耀的特点，以此掩盖内心的自卑和不安全感。

生日数9

在第二阶段，你会发现自己经常会遇到很多缘分，也会参与更多的慈善活动。壮年期的你，慈悲、乐于助人，是别人心目中的大好人。只要别过于苛求现实，减少白日梦，你会感觉心是平静的。（可同时参照命数9的意义）

**9日生人：**

对自己有着极高的标准，看重精神层面，有博大的胸怀，人道主义者，关注自然力量，总是想方设法完善自己的人生。

有强烈的使命感，对形而上的学科十分有兴趣，如哲学、宗教、神秘

学等，在生活的路上随时被这些与心灵意识相关的事物吸引，并参与进去。

兴趣广泛，关心时势，对文化艺术领域有探索心，并具备一定的灵性。

喜欢高尚的人，看不起庸俗无知之人，内心善恶分明，表面很少与人发生正面冲突，但内心会划分得很清楚，并对他人有高要求。

爱批判，居高临下去看他人的弱点，角度悲观。凭想象去判断事物，这其中也包括假想敌和白日梦。追求"高"，无法容忍"低"，所以生活里会经常出现较大的心理落差。

9日生人有一个宿命，感情与婚姻上会遭遇变故，如离婚，被抛弃，这与此类人施与受的方式有很大关系。9是付出型，而不是接受型，喜欢的人或吸引的人多少有幼稚不现实的特点，能令9日生人生出母性般的呵护欲和拯救心。

**18日生人（1+8=9）：**

1和8同样都具备领导力和独立性，加上数字9的乐于助人精神，这是一类既强悍又具备包容力的人。

你最大的动力不是出人头地的欲望，而是来自他人的需要，如社会需要、家人需要、朋友需要，甚至在网络上也会担当起一些责任。

你在群体中最能发挥自身的长处，愿意付出帮助他人，希望被众人肯定。你有无数潜能可开发，如法律、政治、宗教等方面的职业，你都能胜任。

也许开始的职业经历并不顺利，但只要敢于尝试，就会为后面的成功铺路搭桥。你很清楚自己的价值所在，重视心灵修养，为人仁慈，有信仰，社会活动会涉及宗教领域。

在追求物质与精神之间会有很大的矛盾，你一方面在乎周遭乃至社会的承认，视金钱和权力为成功标准，但另一方面又表现得愤世嫉俗，强调精神的高尚。

生性顽固，以自我为中心，一切都要掌控在手，无法接受任何不同意见。即使去帮助别人，依旧会借机展示"我"的重要性。

喜欢低估别人，从而突出自己的强大，即使在感情中也是如此，你需要的是陪衬型的爱人，对方最好需要被引导和安排。

### 27日生人（2+7=9）：

27日生人相比其他9日出生的人要更具备思考力和敏锐的洞察力。

多才聪敏，偏艺术型，适合的职业与记者、作家、教师，演员相关，善于从他人身上获取感悟。

对生命存有旺盛的好奇心，看重内心的真实需要，有出色的辨别是非能力，感觉与理性能很融洽地结合在一起。

吸引力法则对这类人最为奏效，当你想做成一件事，只要"成功"的想象挥之不去，必定会成为现实。与其说是"吸引力"，不如说这其实是你的直觉所感应到的。

比较安静的人，自我世界丰富，对所有具备美感的事物都充满迷恋。

由于生性敏感，酷爱幻想，神经比较脆弱，缺乏现实考虑，凡事都要衡量再三，疑问不断，这会导致想得太多，做起来太难，思绪总也安静不下来。

在感情上乐意付出，但妄想过多，习惯自欺欺人地夸大对方的优点，但实际上你理性的一面很清醒，只是不想面对。

感情方面的挫折会是你人生中一次又一次的大地震，对感情天真地抱有太多期待，最后都会成为泡影。

你是天生的好演员，人戏不分。接触宗教的原因大多与感情创伤有关，为的是找回心灵的宁静。

## 手记：你讨厌人家的那面你也有

某天我和一个命数7，生日也是7的小C聊了会儿，冷不丁说起她认识的另一个同样生日7的朋友小V，小C这样评价小V："我真看不惯她什么都

能看明白的样子！"

这话真熟悉啊，因为有位生日7的朋友也曾这样评价过她的一位同样生日7的同事："我最看不得她什么都知道，什么都知道！"更有意思的是，这里有个罗圈账，这位朋友也曾因为直觉了得，预言过我的一件事，当时我也有种这样的感觉：她一切尽在掌握的样子真叫人不舒服。这么说的话，也许我这个生日7的人也有过叫人讨厌的时候呢。

"什么都知道"对有些人来说真是太好了，上哪找直觉那么准的人呢！可关键是要看针对谁，要是7对7就不行，因为同样都是在乎隐私的人，同样都是不自觉爱掌握别人、生怕被人掌握的人。在同类面前抖机灵，那可真不讨好了。

相同生日的人在性格行为方面有很明显的共性，既容易一拍即合，也会因太过相似而窥探到对方的弱点。

生日6的人热心劲上来是"爱的侵略者"，假如他非要苦口婆心地劝同样的生日6人，这是最无人买账的爱心奉献，因为另一个生日6人平日拯救别人惯了，冷不丁被人罗里八嗦地嘱咐来嘱咐去，自我价值感会彻底丧失。

两个生日3的人聊天，最该搞清楚的是，到底谁是倾听者？两个话痨都要抢着说话抢着表现，语速如机关枪，总要有一个闭嘴吧？

两个生日4的人做朋友很容易，可谁也不能说那苦口的良药，只能尽量回避给对方提意见。只不过，既然是朋友却不能说真话，这友谊可见有多脆弱。

两个生日5的人相谈甚欢，一路货色，可让这两位一起共事试试，肯定都觉得彼此怎么混都是在闹独立，一个比一个不靠谱。

两个生日2的人倒是能共事，就是不知道主心骨在哪里，你靠靠他，他靠靠你，一靠全倒下了。

两个生日8的人即使很熟了依旧会客套得很，总也相处不到交心处，除非有事业上的合作。可朋友之间掺和了过多的利益往来，就很难搞清楚哪个才是真的了。

生日9和另一个生日9在一起发发梦都是"卖火柴的小女孩",只是生日9们看别人眼明雪亮,能窥探到对方"你的未来都是梦话",难免彼此贻笑大方。

最要命的是两个生日1的人,明争不暗斗,谁来主控谁?都要争第一做老大,看不顺眼那是必须的。

相似的人都是对方的镜子,你体面他也体面,你脸上有疮,他那也痒。最好能互补,你有的我没有,我有的你没有,那才叫合拍。假如与同类有缘,就当那双生儿,不如在有成见之前,先低头看看自己,你讨厌人家的那面或许你也有,谁也别说谁了吧。

## 出生年——第三阶段(丰收晚年期)

年份数是对每个人的晚年阶段有暗示启发的数字,这叫第三阶段数。也就是说,年份数代表着丰收期的状态,意味着一种人生的收获。

我们也可以从身边的老人开始观察,像有的老年人年轻阶段喜欢一成不变,求安稳求和谐,但在进入老年后突然改变,思维活跃,踊跃参加各种社交活动,变成闲不住的人,这样的老人就是进入了第三阶段,年份数的特征影响开始凸显。

以下是与命数对照的第三阶段年龄范围表:

| 命数 | 第三阶段 | 命数 | 第三阶段 | 命数 | 第三阶段 |
| --- | --- | --- | --- | --- | --- |
| 1 | 55岁后 | 4或22 | 61岁后 | 7 | 58岁后 |
| 2或11 | 54岁后 | 5 | 60岁后 | 8 | 57岁后 |
| 3 | 62岁后 | 6或33 | 59岁后 | 9 | 56岁后 |

从以上的年龄对照表不难看出,命数3的人进入老年期比较晚,而命数3人也确实有心态外貌年轻的特点。进入老年阶段最早的是命数2(11)和命数1的人,联系到数字本质就会发现,1和2本身就代表"父"与"母"。

### 计算方式

将年份四数依次相加，简化到个位数。如1983年生，1+9+8+3=21=2+1=3，年份数为3。而2010年出生的儿童年份数同样为3（2+0+1+0=3）。

年份数字1（1963年、1972年、1981年、1990年、1999年、2008年）

晚年阶段的你依旧喜欢挑战，所以即使到了退休年纪，你也很难放下指挥棒，仍会寻找新的挑战，也有可能老了又焕发了新的生命力。

年份数字2（1964年、1973年、1982年、1991年、2000年、2009年）

很多老人都有越老越封闭的倾向，朋友也没了，生活圈子极小，而你刚好相反。老年的你朋友众多，爱好广泛，好的人际关系还会给你带来新的机会，包括新的恋情（这叫夕阳红）。

年份数字3（1965年、1974年、1983年、1992年、2001年、2010年）

不管你在年老之前是否喜欢艺术，到了第三阶段，你的表达力势不可挡，会迷恋上用文字、唱歌、演戏等方式来表达情感。"老顽童"铁树开花，成为社交的活跃分子。

年份数字4（1966年、1975年、1984年、1993年、2002年、2011年）

你似乎没有退休这个概念，即使已经可以享受天伦之乐了，可还是放不下工作。有两种可能，一种你闲不住，只有忙碌着才会开心，另一种是家里有生活压力，你不得不继续工作。

年份数字5（1967年、1976年、1985年、1994年、2003年、2012年）

为了兴趣工作，不管年纪多大。也许你在年老后喜欢上某个职业，然后投入进去，比如写小说，当老年模特，或者酷爱上一种舞蹈。你乐此不疲地忙于这些事，看重的不是报酬，而是自由的乐趣。

年份数字6（1968年、1977年、1986年、1995年、2004年、2013年）

照顾晚辈是你年老后义不容辞的任务，你喜欢其乐融融的家庭气氛，这让你很快乐。你很值得人信赖，所以在这把年纪会成为知心叔叔或知心阿姨，总有人会找你倾诉，你会因此很满足。

年份数字7（1969年、1978年、1987年、1996年、2005年、2014年）

到了晚年，你很喜欢孤独，不喜欢热闹。一个人上上网，写写人生心得，自得其乐。此阶段你有很多人生道理要表达出来，也有不少需要学习的新知识，活到老学到老，你是典范。

年份数字8（1970年、1979年、1988年、1997年、2006年、2015年）

你会发现在此阶段，你比年轻的时候还要忙碌，各种活动要参加，社交频繁，事业上享受成就，生活上无限风光。即使到老，你还是要成就感，希望被关注。

年份数字9（1971年、1980年、1989年、1998年、2007年、2016年）

这是你修成正果的阶段，假如之前的阶段你是积极的，打下了好基础，那么后面这个阶段你很可能会有高尚的灵魂。有钱的你是慈善家，有

才的你是拯救灵魂的使者。

## 手记：年份广义上的群体意识

"×0后"的整体状态几乎成了标签文化，尤其社会对80后普遍现象曾有过激烈的争论。假如用数字来诠释这种现象的话，就会发现，时代的特征变化很难超出宇宙对人类的"算计"，数字振动赋予了人们大环境下的普遍集体意识。这就是广义上的群体使命感。

如果将不同时代的人细分到更具体的年份，又会出现完全属于个人的年份数字。如1981、1982、1983、1984年生人在数字方面有所区别，我们也可以观察下，四个年份所生之人在共性上明显不同：1981年生人相比更加独立有魄力；1982年生人则重视感觉，有依赖心；1983年生人思维活跃，有热衷八卦的特点；而1984年生人则对家庭物质稳定的需求更为强烈……以此类推，了解1~9数字的基本含义，都可以结合年份数字洞察这些微妙的差异。

60后

60后的人从一个风云变幻的时代走过来，目睹过大环境从混乱到有序的过程，在思想成型过程中，渴望美与和谐。但整个状态会呈现数字6的批判意识。60后中叛逆的愤青成为普遍性，而他们宣泄的出口选择了现代艺术，如诗歌、美术、哲学、摇滚乐等，并明确对抗主流文化。

60后体现了数字6拯救世界的欲望，奉献、社会责任、追求完美、艺术启发成为这一代人的重要使命，当今60后当中拥有最多艺术成就的佼佼者。

70后

70后挖掘真理的热情一直没停止过，这代人对文化思考的渴望胜过任何一代人。70后也最挣扎，逃避现实可又不得不面对物质世界。数字7本质意义就是质疑与思索，现实与精神的矛盾很难平衡。70后看似叛逆，但实际上并不纯粹，内心总有些交织难解的对立因素，这种不确定感让这一代人处在夹层中，既不如60后敢于奉献，也不如80后坦然接受现实。但70后承载的是一个觉悟的必经过程，就是来自数字7的自省力。

80后

80后对成功与财富有着更多的渴望，受数字8的影响，80后最关心的是物质稳定和价值肯定，以金钱和权力作为衡量标准。这是务实的一代，同时也背负着社会转型期造成的各种不适应，但不得不承认，80后有将现实与精神合二为一的能力，他们的注意力在个人身上，一切出发点都要从"实际"做考量。所以这一代人当中出现的实干型年轻精英已经形成气候。

关于80后的争议曾风靡了很长时间，批评多称赞少，有人甚至认为80后是最现实最自私的一代。而批判80后的基本都是70后，这是有原因的。从数字关系的角度来看，清高的7不屑于8的务实与目的性，而8对7的纸上谈兵、光说不练同样很难理解。这是两个有对立观念色彩的年代人。

90后

90后由独生子女组成，从出生开始生活环境就相对优越，没有经历过历史和政治上的动荡，也没有经历过大的经济波动。这一代如今已成年，网络文化又被90后们运用到了极致。富二代、啃老族、非主流群体遭到网民的不齿，于是90后的自我认知与思考能力遭到质疑。

数字9从低层能量看，有惰性、爱幻想、对现实的认识有无力感，但9同时也是要走向心灵觉醒之路，它的使命就是发挥人道主义精神。目前的90后仅仅是青少年期，他们还没有真正地成长，未来也许会让90后有质变的可能，因为数字9有"在变革中提升自我"的含义。

00后

到了2000年后，一切大改变，数字1的主宰自我意识不在了，数字2的平衡力和感受力开始取代1和9的能量。2000年后的儿童普遍艺术化，他们没有19××年生的人复杂矛盾，更重视心灵和谐与对大自然的关注。他们依赖心重，独立较晚，同时会倾向于失去影响力和担当。

2000后对物质没有太多的欲望，更在乎个人的喜好与感觉，这与未来10年的社会环境趋势是吻合的。冲突与创造力的减少，也会造成这批人过于平和而缺乏开创精神，他们是享受自我、阴气过盛的一代。由于0过多的缘故，这个时代的孩子相信命运、直觉，或许会出现大批精通神秘学的人。

# ～～ 天赋数——后天潜能开发 ～～

我们都有过这样的感受，有的人小时候性格非常内向、羞涩，或者胆子小，怕见生人，但随着年龄增长，成年后逐渐性格外向起来，爱表现自己，勇猛，个性强悍。有的正相反，从爱出风头到后来喜欢孤独，又或者，有的人小时候并不喜欢唱歌，可成年后却成了职业歌手，完全与童年是不同的两个人。这种反差经常被人误解为"他变了""我变了"。其实，这不是变化，而与各人成长中调动出的天赋潜能有关。

生日密码中的天赋数能帮你了解自己的后天能量。天赋数可比喻为人生旅途中的指南针，它既是潜伏在身体里的待发能量，同时也是后天学习的方向，并协助你完成你的个人使命。

天赋数全部为十位数，这就需要对数字本质含义有一定的了解，懂得衡量两个数字的能量。天赋数是成就个人使命的重要依据，其中也会出现位置不同的同一组数字，如31和13尽管都是1和3的组合，共同需要完成的目标就是命数4，但侧重点有细微的不同：31的外在力量是3，而1是内在力量；13刚好相反，外在力量在数字1上，需要调动内在的3能量。

每组天赋数都预示着特定的发展方向，假如能熟悉它的意义并学会运用，将会对你实现生命目标有很大的启发。

## 计算方式

如生日：1972年12月18日

1+9+7+2+1+2+1+8=31

最后的十位数31就是天赋数，简单说就是把出生年月日依次相加的总和，而继续将天赋数相加到个位就是命数。当天赋数出现29、38、47这些数字时，无需再继续相加到11，卓越数11有单独的解释。

我们这样划分生日的位置：

1+9+7+2+1+2+1+8= 　　　　31　　/　　4

（先天生日能量）　　　　（后天天赋潜能）　（角色使命）

命数1的天赋数组合

职业倾向：编剧、导演、发明家、总裁、公众人物、企业家、设计者、运动员、教师、权威医生、作家、艺术行业。

19/1：

这是最为独立有创意能力的组合，必须善用内在智慧与服务精神才可以影响周围的人。一个没有觉知的19，会感觉被孤立，情绪压抑，顽固不化。所以19的课题就是要学会将魄力与内在的精神信仰结合在一起，可以靠自身心灵提升激发他人，而不要将意志强加于人。

28/1：

这是内心强大的人，尽管外在表现比较柔和，乐于配合他人，但实际上相当强势，有对名利的欲望，只是深藏不露。非常需要他人的协助，独立做事反而感觉不安，有依赖心，最好能发挥内在的掌控力和商业能力，诚实待人而不是操纵和反权威。

37/1：

内省思考能力会逐渐在成长中显露出来，对真理有探索的欲望，需要将内心的智慧表达出来，以激发或带动他人。同样具备领导力，但37的直觉力与乐观要更高一层。你要克服信任障碍，过多依赖思考，反而无法信任自己。37/1对艺术有浓厚的兴趣，可将之作为表达通道。

46/1：

需用稳定的物质基础来协助内心的梦想，也就是说46/1的人假如生活缺乏保障的话，会有很明显的不安全感和诸多挑剔之心。完美主义是阻碍你成功的绊脚石，你要善用分析力和自医力，从现实角度出发，不要逃避对物质的渴望。

## 命数2的天赋数组合

职业倾向：艺术家、技术人员、心理学家、医治者、协调员、外交官、中介、律师、业务员、谈判者、设计师、化妆造型师、色彩师。

### 20/2：

你要发挥好配合与协调的力量，内心越是达到和谐无争，生活之路就越发顺利。感受力是你的优势也是你的敌人，你要避免顽固与委曲求全的毛病。享受型的人非常在乎金钱带来的安全感，你要肯定自己对美感的天分，可以很轻松找到人生目标。

## 命数3的天赋数组合

职业倾向：激励者、教练、作家、艺术家、营业员、媒体工作者、艺术经纪人、艺人、导游、旅行家、儿童教师、主持人。

### 12/3：

不论外在看起来如何活跃乐观，你内心都是敏感的、小心的，善于洞察，并且具备不错的沟通能力。你需要调动出合作能力，而不是尖锐地抵抗和批评。这个组合是文艺型的人，做事以个人喜好为主，适合从事娱乐文化类职业，尤其与口才相关。

### 21/3：

与12/3相比，21/3稍微内敛一些，有外柔内刚的特点，给人印象没那么活跃好动。能与人和谐相处，重视人际，对事业有企图心，但要学习调动创造的能量，若你的注意力在人情人际上关注过多的话，会局限你潜能

里的独立性，导致缺少自我。

### 30/3：

表达力最旺盛的一个组合，需要合理的表达出口，否则就会表现出令人头疼的话痨特征。30/3的人非常有灵气，爱好杂乱，只要找到适合自己的某一种方式，就会展示出过人的聪明才智。如写作、摄影、表演、音乐或者是任何其他"闲不住"的工作。表达也是需要舞台的，去找自己的舞台，总要比靠喋喋不休来引人注目有价值。

### 命数4的天赋数组合

职业倾向：科学家、企业家、开发商、律师、管理员、职员、工人、会计、商业艺术家、幕后工作者、建筑师。

### 40/4：

组织力、执行力、安全考虑、求稳定这都是40/4的特点，加上顽强的毅力，你必能达到自己想要的目标。数字4的所有基础能量都在生活稳定上，这一点千万不可忽略。假如一个40/4的人是画家，但生活窘迫到连买颜料的钱都没有的话，很可能会打击到自己的自信心。所以这个组合的人必须要先从实际出发，才能开发其他潜能。

### 22/4：

双倍2的天赋数组合内外相当统一，只要发挥好合作与平衡的天分，善用出色的洞察力，就可达到自己想要的目标。22/4有"乖孩子"的特点，因2有两极分化的特点，如何把握配合与忍耐的尺度是你学习的重点，太软会委曲求全，太硬又抵抗配合。找到平衡的途径不是打压天性中本能的胡思乱想，而是学会有勇气明确自己的态度。包括选择职业也同样，混乱、不实际、制度暧昧的环境最不适合22/4。

**31/4:**

表达和创造力的结合，重点在内心的创造能量上，而表达对于31/4来说只是一个表现的工具。同样，前提依旧是物质和家庭的稳定做基础，但与40/4相比，31/4要灵活一些，接受新事物的能力比较强，多才多艺，能将才华发挥到多个领域，但持久性相比要差一些，做事缺乏长性。

**13/4:**

这个组合的勇气在外，有很多点子想法需要信心带动出来，非常需要他人的肯定和鼓励。同时，不安全感也会阻碍你本身具备的适应力，让你不免内心浮躁。其他参见31/4。

命数5的天赋数组合

职业倾向：公众人物、开发商、投机者、设计师、新闻工作（媒体）、表演者、变革推动者、广告创意人才、探险家、心灵导师、作家、自由职业。

**32/5:**

完全是凭兴趣做事的组合，擅长用感知力去探索精神世界，喜好广泛，重视自我表达，可通过文字、音乐、美术、摄影、设计等艺术领域展示才情。32/5需要学会善用数字2的能量，用直觉与分析力跟着感觉走，学会独立，就定会找到自己成功的途径。要注意多变的问题，不要怕变，相比金钱满足与人生经验，32/5需要后者。

**23/5:**

与32/5的区别在于，合作能力要好一些，同时也更加孩子气，对自己有太多的不确定，最需要建立自信心与勇气。其他参见32/5。

**41/5：**

有出色的创造力，有一定务实能力，但在稳定与自由之间需要平衡。执行力和号召力相互协助可以让你做成任何事，但注意不要让不安全感和自由之心相互扯后腿。兴趣分散，多才多艺，假如能抓住一件事持续努力的话，会更容易做出成就。

**14/5：**

因4的能量充斥内在，更需要职业的稳定来协助创造力与变动，不然就会形成外强中干，而无法让自己身心自由。其他参照41/5。

### 命数6的天赋数组合

职业倾向：教育者、饮食服务、护士、医生、健康顾问、辅导员、教练、心理医生、服务行业、作家、化妆师、经纪人、艺术工作者。

**15/6：**

有理想有智能，更具备创新的能力，是理想主义的代表组合。擅长与人沟通，有内在的力量，天赋能量来自心的沟通，具备治疗他人的能力。但最需要学会接纳自身或他人的"对"与"错"，不然傲慢与偏见就会误导别人。

**24/6：**

246三个数字同样都有爱分析的特征，这个组合会有胡思乱想的问题，在抉择方面容易犹豫不定。但同时246又特别适合服务人群，所以最好能将你的分析力和想象力发挥在职业上，如咨询、策划、幕僚，以及小说家等行业。

**42/6：**

与24/6的差别在于，42/6要学会善用数字2的力量，学会合作，内观自己的需要，不能让自己的生活压力重重。这个组合会有容易选择错误的问题，主要是因为想得过多，却往往限制了"我真正想要的"。其他参照24/6。

## 33/6：

最严重的完美主义者，无论外貌还是其他方面都要求达到最好。双重的数字3需要找到表达的出口，更在乎被人赞赏。这也是最有灵气的一个组合，做事效率高，务实能力强，非常适合从事有创意和能满足表演欲的职业，如作家、演员、教师、销售、业务员、主持人等，能站在特定的"舞台"，凡是与人直接接触的行业都比较擅长。

### 命数7的天赋数组合

职业倾向：顾问、教授、分析师、自由职业、侦探、观察员、记者、专业研究者、科学家、神秘学家、间谍、艺术家、作家。

## 16/7：

具备较高的直觉力和智能，往往凭感觉就可以判断任何事。一切出发点都来自情感，即使表面看起来冷静，内心依旧是火热的，创造的能源来自爱。16/7的天赋潜能多与精神领域有关，如能信任他人，走出自己的世界，可以胜任任何与脑力相关的职业。

## 25/7：

无论外在表现如何随和善交际，25/7的人都是孤僻的，个性比较隐藏，很怕人看到自己的内心。但其实这是具有孩子般纯真的人，怕被束缚，敢于坚持自己的真理，求知欲旺盛。25/7多才多艺，只要认真想去做某件事，都可以调动出潜能，可选择职业范围广，但基本都与文化艺术类工作有关。另外，研究工作、带有调查性质的职业也非常适合你，比如情报员、警察。

### 43/7：

对宇宙万物及神秘力量相当有兴趣，会被此类事物吸引，受到灵性的启发。3和7都属于智力型数字，兴趣点侧重于好奇与研究，会有不切实际的倾向，而数字4刚好又看重家庭、物质与职业的稳定，这个组合会带来一些矛盾冲突。你必须避免浮躁、清高的心态，认清自己的需要，靠真才实学获得一份稳定的收入，才能真正进入精神领域。

### 34/7：

与43/7一样，脚踏实地地生活是你达成目标的根本。34/7相比更重视稳定，既乐意接受新观念新事物，又害怕改变造成的不安全感。所以，作为命数7，一旦天赋数中出现数字4，个性中必定会有保守务实的成分。其他参照43/7。

命数8的天赋数组合

职业倾向：企业家、出版商、承包商、工程师、财务分析师、法官、政治家、艺术家、任何领域。

### 17/8：

非常有力量的组合，独立、觉知、领导力、出色的头脑，以及对权力和金钱的企图心都很强大和旺盛。17/8的人有做大事的潜能，具备难得的事业能量和天赐的好运。无论从事哪个行业，只要有兴趣，有热情，并且有信心，就会如愿以偿。但要注意克服傲慢自负的问题，尤其是7的偏执和疑心病会成为你成功的阻碍。

### 26/8：

数字6的道德感非常强，而命数8刚好又看重名利，这会让26/8的人会有些矛盾，在"爱钱"与"不能爱钱"之间摇摆不定，甚至会有奇特的仇富心理。要明确的是，爱钱没什么错，这是26/8的人承担家庭责任的必备基础。这个组合尤其要留意的是，不能急于成事，因为会有大器晚成的可能。

### 35/8：

这是野心勃勃的组合，喜欢引人注目，不甘心平凡。因兴趣广泛，往往抓不住重点，什么都想做，可执行起来又会有惰性，缺乏耐心。3和5同样都存在任性散漫、不实际的特点，所以你最好不要选择去做勤奋的人，善于利用聪明的头脑做事是你成功的最佳途径，而且你还可以白手起家，最适合通过独立作业获得成功。

### 44/8：

这组数字非常明确自己的需要，最具备生意头脑。在占数当中4与8都是最务实的数字，假如将金钱、权力、成功这三者排个名次，44/8排在首位的是金钱，确切地说，是存款与房子，因为这会带来最基本的安全感。但你要避免过度分析和算计，尤其注意，想获得财富，家庭的关系必须和谐，这是44/8正面的动力所在。

## 命数9的天赋数组合

职业倾向：健康/机构工作人员、艺术家、工匠、精神领袖、社区领导者、宗教人士、外科医生、律师、外交官。

### 18/9：

数字当中1和8代表着两种不同的权力倾向，1代表号召力和引领的作用，而8代表掌控力和管理，这两个数字结合出来的命数9，相比其他组合，要更具备领袖风采，是强势的领导型人物。18/9有特别之处，就是可做大好人，也可以成为恶人。这完全取决于你将强大的能量运用到何处，因为你的人生目标是用自己的力量帮助他人，造福他人，但你内心又充满权力欲望，不自觉地就用控制他人来获取名利，或者利用职位投机取巧。这组数字最需要做的功课是正面的心灵提升，这样你就可以用自身的领导

力去激励他人，找到自己的价值。

**27/9：**

这是命数9中最具备灵修能力的人，与宗教信仰以及各种修行方式有很大缘分，数字2的感受力和数字7的内省能力会造就27/9的人拥有高等智慧。他们可以是宗教领袖，也可以是心灵导师，还可以是见多识广的导游、服务业的干将，也可以是感性与理性结合的艺术家。但你要注意克服的弱点是太过清高，对世俗有强烈的不满，或者太喜欢讲大道理，动不动就上纲上线到哲学与信仰的范畴。

**36/9：**

3、6、9这三个数字有一个共同点，它们都有理性化的特征，而同时这三个数字又同样具备"灵性"。这个组合的人对自己和他人的要求很高，必须先解决自卑感的问题，了解自己内心的需要（这需要和6有关），而不是纠缠在追求完美上，此外太过保守也会给你天赋中潜伏的智慧因子带来阻碍。假如你能把注意力放在自己的身上，就会做到对一切的包容和理解，这样或许你可以成为很有深度的心理医生，或出色的教师。

**45/9：**

当两个相邻的数字组合在一起的时候，是有一定的矛盾性的。数字4做事方式是有规律有计划的求稳定怕变化，而数字5刚好相反，不屑规则，乐意打破稳定求变化，这种对立特征会让45/9的人言行不一。你需要明白一个道理，稳定不是局限，自由也不是放任，45/9的人首先要具备务实的心态，在此基础上去体验冒险，会减少缺乏安全感的问题。

### 卓越数11的天赋数组合

**29/11、38/11、47/11**

卓越命数11之下有三种组合，同样都具备数字11"灵魂在高处"的特征。29/11外在表现是乐意配合他人，并具备服务他人的意识，但其实内心相当有傲气，而且自卑感过强（这与童年时家人"打击式"的教育方式有关）。29/11的潜能体现在服务精神上，能激励周围的人，并具备创造力。假如你能脚踏实地，克服数字9幻想多过行动的弱点，要达到自己想要的目标并不难。所以，请把脚放到地面上行走，不需要急着证明什么。

38/11成功的欲望要更加迫切，这是比较强势性格的人，领导能力突出，有过人的头脑和创新能力，但操控欲过强，爱居高临下。如何将数字8的权力欲转化成有说服力的权威感，这是38/11需要学习的课题。

47/11中的4和7组合在一起具备超强的理性分析能力，这是最有潜能的一类人，无论做什么职业都有能力形成自己的风格。同样4和7带来的负面问题就是太过重视逻辑思考，而无法信任自己的心，纸上谈兵远远不及打一次败仗能获得更多的经验。47/11假如能善用7的直觉和4的执行力，会给自己的人生带来更多的顺利。

第四章

# 生日九宫图

## 个人命盘

九宫图里的数字能量

空缺数——你的人生需要缺憾

九宫图连线的秘密

应用分析："世纪女王"麦当娜

了解了生日中的各种密码之后，一定有人会有疑问，我和另一个人有完全相同的命数甚至相同的生日，为什么个性会有很大不同呢？

首先我们要明白，任何一种解析人格的方式都不会是"绝对性"的，很难达到百分百的准确率，也包括其他诸如占星等方式。每个生命都具备特有的运行轨迹，在你的生命密码里潜伏着各种可能性，但都有特定的范围。就如一个人总期待自己成为众人崇拜的某位明星，可这很难，除非你和他有相同的天分和生活背景，而且即使是这样，两人也未必有一模一样的人生。

前面几章我们了解到先天数（年月日）代表了原味本性，而天赋数代表了后天逐渐释放出的应有能量，通过天赋数的努力一个人最终达成人生使命的实现（命数）。这是一条很鲜明的"道路"，继续细分的话，就需要在你的这条"道路"上画出各种路线，从路线中了解自身各方面的表现力，这是对个人人生更深层的一个探索。比如有的人很勤快，有的人很懒惰，有的人总与人相处不好，有的人却经常遇到贵人相助，是什么造成这样的差异呢？这就要靠数字九宫图来继续寻找背后的原因了。

九宫图就如同占星的命盘，先天数、后天数、命数甚至包括星座数都包含其中，在图中可以明确看到一个人的优势所在和欠缺的部分，以及需要重点学习之处。

九宫图也是数字密码中最为实用和有趣的方式，可以一目了然地看到一个人全方位的行为来源。

# ——— 九宫图里的数字能量 ———

## 从九宫图看先天数能量

先天数即出生年月日，是我们个人的天性部分，每一个数字都会形成个人能量。假如生日中同时出现两个或三个同样的数字，这表示这个数字给你带来的影响非常大，同时也可能会因能量超负荷而造成负面效应。相反，假如你在1~9这些数字当中欠缺某个数，这就说明你在先天因素方面缺少此数的力量，这个数字也叫空缺数字。

第一步：先把你的生日写下来，如小明的生日是1985年12月13日。

第二步：在纸上按以下九宫图表的顺序写下数字1~9。

第三步：每念到生日中出现的数字，就在图中的对应数字上画一个圈。

生日数如出现十位数，必须加到个位，如13日生日数为4（1+3=4），这个4要单独画上。因此，在小明的九宫图表中，整个需要画的数字是1、9、8、5、1、2、1、3、4。

生日数如果是2、6、8这样的单数就不用再重复，直接就可以把年月日画出来，如1973年4月5日，画在图上的就是1、9、7、3、4、5这几个数。

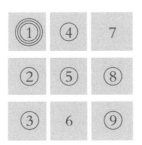

从以上"圈圈"的数量可以看出，小明的先天数图中出现了3个1，只有一个圈的数字是2、3、4、5、8、9，没有圈的数字是6、7。

我们先要学会画先天数，这是了解自己基本能量的开始。先天数的圈圈仅代表"天生"这个因素，不掺杂后天任何影响。如小明的生日图中数字1最为突出，这会使小明在行为与性格方面有非常明显的数字1的基本特征，如乐于创造、有号召力、自尊心过强、有老大意识等，而6和7的特点在小明身上就无从体现。

## 从九宫图看综合能量

画出先天数圈圈后，需要再加上天赋数和命数、星座数，也就是把所有属于你的密码全部画到图上，才可以据此对一个人的命运做一个整体的推敲。

第一步：画出先天数。（见上节）

第二步：计算出天赋数，最简单的方式就是将小明的出生年月日数字直接连串相加得到十位数。

1+9+8+5+1+2+1+3=30

以上的数字30就是小明的天赋数，这是后天成长中逐渐被启发出来的个人能量，是成就个人使命（命数）的能量所在。

第三步：计算出命数。

命数就是天赋数相加所得的个位数：3+0=3，命数的通常书写方式是和天赋数连在一起来表示：30/3。

第四步：找到小明的星座数。

星座特征也是我们自身具备的能量，在九宫图中星座数要算在其中，每个星座都有对应数字代码：

数字1：白羊座和魔羯座　　数字2：金牛座

数字3：双子座和双鱼座　　数字4：巨蟹座

数字5：狮子座　　　　　　数字6：处女座

数字7：天秤座　　　　　　数字8：天蝎座

数字9：射手座

如小明的生日是12月13日，是射手座，数字9就是他的星座数。

第五步：将先天数、天赋数、命数、星座数全部加到九宫图上。

小明的先天数：1985、12、13、4

小明的天赋数：30

小明的命数：3

小明的星座数：9

在九宫图上依次去圈画这些数字：

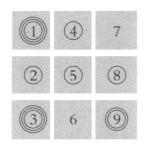

从整体图中不难看出，小明的圈圈发生了变化，除了3个1之外，出现了3个3、2个9，其他不变。由此看出，小明的人生能量都集中在1、3和9上，他应该发挥自身1、3、9的强项，如创造力、创意表达力、服务精神以及想象力，而他所欠缺的6和7也正是自己人生当中需要面对和接纳的"不擅长"。

## 特殊生日计算

在画九宫图时，当遇到卓越数时要单独计算，举个例子：

　　小张生日是1983年6月29日，生日数是2+9=11，卓越数11是他具备的性格特征，而同时11也是2。因此，在先天数中，画在生日图上的数字除了1、9、8、3、6、2、9之外，还需要加上11和2。

　　小张的天赋数和命数是38/11/2（1+9+8+3+6+2+9=38=3+8=11=1+1=2），这是个非常特别的生日，等于生日数是卓越数11，命数同样是卓越数11，所以在他的九宫图上，11和2同样都要加2次。

　　小张是巨蟹座，星座数是4。出现在他的九宫图上的数字非常多，需要把以下这些数字全部画到图上——

　　1983/6/29/11/2/38/11/2/4

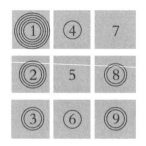

　　画出来就容易统计了，小张一共有5个1、3个2、2个3、2个8、2个9、1个4、1个6，欠缺5、7。

---

**小 提 示**

　　数字0是直觉力与机缘的象征，不算在九宫图当中，但也可以画在生日图的边上作为一个统计。注意，每遇到单月单日的数字，如1月1日这样的生日，都要用01月01日来表示，例如，11月07日，08月15日。

---

## 圈圈能量的大小

　　某数字上只有一个圈，说明只具备此数字的基本能量；如果是两个圈，该数字的特征就会表现得较强一些，也可以叫"刚刚好"；当达到三个圈以上时，此数的力量非常强大，数字特征突出，几乎与命数带来的影响不相上下，但同时其负面特征也随之更为明显。当某个数字圈圈大过5的时候，此数会带来严重的负面表现，甚至有与数字特征背道而驰的现象，也就是物极必反。

## 数字1

1代表独立意识，是能量的开始，也是具备最基本"自我"的一个数字。

20世纪出生的人都有1的能量，而2000年后出生的人未必会出现数字1，所以从普遍意义上看，2000年后的人的开创精神与独立性比较薄弱，重点在2的能量上。

当生日图中数字1的圈圈出现大过2个的时候，具备很强的领导力和号召力，精力旺盛，勇敢，有自我主张，不轻易妥协，敢于开创引领，具备阳性的力量，同时也会流露出自负、不妥协、太过独立等特征。

数字1上圈圈达到5个以上时，这样的人气势超强，极其有影响力和领导能力，但也有能量失衡的问题存在，表现为自私专制，内心自卑，太以个人为中心，也比较软弱。

## 数字2

2代表具备两面性，有分析的能力，并且敏感，好衡量，同时也是一个爱美之数。

2上有2个以上圈圈时，很懂得如何配合别人，善于察言观色，最明显的特征是会打扮、懂生活，负面的问题就是爱抱怨。

当2上的圈圈达到5个以上的时候，会过度在意外表，享受心重，奢侈，对艺术的感觉很细腻，当然负面问题也非常大，缺乏立场，不果断，顽固。

## 数字3

3代表沟通表达的能力佳，爱好广泛，灵巧，善辩，机智，也具备天真

的性格。

3上有2个以上圈圈时，是相当聪明的人，活跃，爱说话，喜好杂乱无章，有机灵鬼的特点。

一旦有5个以上圈圈，数字3爱表现的特点就会比较"过分"，嘴碎，幼稚肤浅不自知，大愚若智，爱搬弄是非。

## 数字4

4代表稳固的力量，有务实能力，深知只有行动才是获得生活安定的方法，面对机会比较主动。

4上有2个以上圈圈时，组织力很强，对实际的追求比较坚定，并追求完美，低调行事，保守。

4上有5个以上圈圈时，会比较吝啬，对钱看得太重，不知变通，陷于物质追求当中无法自拔。

## 数字5

5代表心智的能力，寻求身心自由、变化多端的生活，不想墨守成规，更乐意颠覆规则，并有自己的主见和方向感。

5上有2个以上圈圈，自主心比较强，坚持自我，但顽固，散漫，爱逃避压力。

5上有5个以上圈圈时，虽有自己的主见，可反而表现得缺乏勇气，不敢面对问题，也无法解决问题，固步自封，偏执。

## 数字6

6代表奉献精神与爱的需求，能为他人考虑，体贴亲和，重视亲情。

6上有2个以上圈圈，喜欢承担责任与义务，看重亲密感，但内外反差很大，表面奉献，实则极挑剔，强迫别人接受爱。

6上圈圈多过5个的话，负面表现非常明显，其付出因急于索取回报而显得目的性过强，自私自利，把道德强加于人，有伪善之嫌。

## 数字7

7代表逻辑思维能力，好探索事物的背后动机，分析力强，同时也代表幸运。

7上有2个以上圈圈，头脑出色，好研究，看问题深刻，冷静，自负，爱窥视一切，主观顽固，疑心重。

7上有5个以上圈圈时，表现为爱控制他人，专制，是非，超级自恋（甚至自恋到自我认知出现问题），狂妄，懒惰，缺乏智慧。

## 数字8

8代表成功欲与权力欲，具备无限潜能，有事业心与实干精神，8也是重视财富的数字。

8上有2个以上圈圈，具备商业能力，有野心，希望掌控周围，对成功有很大的渴望。

8上圈圈达到5个以上，会表现出急于达到目标的焦急心态，行为上有不择手段的举动，好赌、拜金、世俗且视平凡为人生的失败。

## 数字9

9代表人性与神性的交界点，有服务他人的意识，博爱，对世界大同有期待。

20世纪出生的人都有一个9，所以这个世纪的人对社会关注比较多，也普遍以服务他人为自身价值。2000年后生的人生日中出现9的几率就很少了。

9上有2个以上圈圈，以他人需要为动力，助人为乐，心存关怀，但梦想太多，不实际。

圈圈多过5个以上，妄想过多，做事完全凭自我想象，注重心灵却难有悟性，面对现实有障碍，逃避现实，迷信。

## 大能量九宫图统计法

假如你想知道是什么样的力量在与你共存，可以用九宫图圈圈个人大能量。除了你的生日密码信息之外，主要还包括来自生活里数字的影响，如身份证号、电话号码、门牌号、手机电话号、银行卡号、车牌号等，你身边出现的所有与数字相关的号码都可以圈进去。

首先要画出九宫图，然后将以下的数字信息逐一画圈：

先天生日数（年月日）

天赋数

命数

星座数

身份证号

住宅门牌号和单位的门牌号（与数字有关的都可以画，如第5街1栋3单元501）

你的各种银行卡、信用卡号码（常用卡，作废的就不要画了）

电话和手机号码

车牌号码（没有也可以不画）

全部画好后来看这些数字，找出圈圈最多的数字和圈圈最少的数字，就可以看到影响你的数字中哪个最突出了，而圈圈最少的那个数字就预示你非常欠缺这部分能量。这是个统计概率，出现最多的数字是影响你最大的无形力量，而出现最少的数字是你生命能量的薄弱环节。

## —— 空缺数——你的人生需要缺憾 ——

如果你的生日图里某个数字上没有圈圈，说明你不具备此数的能量，是天性上的欠缺，也相当于"缺陷"。空缺数是你不擅长的那部分，这就需要你格外留意欠缺能量带来的障碍。

我在统计观察数字的过程中发现了这样的问题，当提到九宫图中空缺数的时候，不少人都把注意力放在"我的缺点"上：我是没有6的人，怎么办？我没有5是不是很糟糕？我没有8会不会影响事业发展？诸如此类的问题非常多。他们最普遍的态度就是不愿意接纳这个事实。

有一次一个孩子的母亲问我，她的孩子生日里欠缺哪个数。我说孩子没有5，会缺乏方向感，这需要父母多鼓励他，从小多加指引。孩子妈妈听了很焦虑，我明显感觉到她对孩子开始不满起来，甚至表示出"嫌弃"的意思。这叫我很内疚，后悔不该说实话。

很多人都有所谓的完美主义，希望自己或孩子是完人，各方面都有长处，见不得欠缺，这分明就是贪婪。

我见过不少生日图上没有空缺数的例子，也就是1~9每个数字都具备，这叫大满贯。这样的人，每条连线都是流通的，看起来几乎所有的优势都占全了，可往往这样的人反而生活道路比较坎坷。"大满贯"也是最容易迷路的一类人，心思复杂，喜好过多，路路通，可不知道该走哪一条，会因能量分散而蹉跎了岁月。

有个唱歌的"大满贯"男生，十八般武艺无所不通，也确实相当全面，唱歌、作曲、演戏、选秀什么都要参与，可他一直没有红，这与发展的重点不够明确有关。由此可见，太全面的人非但无法发展其优势，反而比其他人走的弯路更多，更需要一个漫长的成长过程来找到出路。

千万不要纠结空缺数字，那只是老天给你设置的一个补习功课。你必须接纳自己的不擅长，而不是为此自卑纠结，更不要学会了数字而拿自己

的长处去比别人的短处，也不要苛求自己面面俱到。那些空缺数字正是你成长的关键，缺憾也是进步的动力来源。

## 空缺1

生日基数里缺少1的人目前只出现在2000年后出生的孩子中。没有1的人缺乏独立意识，开创能力弱，更愿意跟随别人，依赖心很重。这一点在目前的成年人中不存在，但在2000年后出生的儿童里却很普遍。

## 空缺2

数字2有和谐平衡的意义，善于合作，感觉敏锐。

更为独立自主，依赖心不强，做事完全靠自己，即使家境很好也不会给父母添麻烦。

因数字2在审美能力上有一定的天分，没有2的人会在这方面有所欠缺，表现为在打扮穿衣方面搭配不当，尤其对色彩不太敏感，同时也缺乏想象力和敏感度。

与人合作有些困难，一切要亲力亲为，冷热无常，沟通上少了柔韧度，有不流通之感。尤其感情关系上，缺乏2能量会造成不知如何与对方沟通，主观，选择爱人时会有偏差，容易与对方价值观出现很大差异。

很在乎别人"是否看得起我"，有死要面子活受罪的感觉，一旦调动了面子那部分，那可是对朋友比对自己还好。

没有2的人更为独立自主，依赖心不强，做事完全靠自己，即使家境很好，也不会给父母添麻烦。

## 空缺3

数字3是表达的通道，从语言表达到才华的表达。

每个人都需要一个通道来展示自己的才华。当一个人生日里缺乏数字3，展示自己的通道受到局限，即使心灵手巧有才华，也不知用什么形式表达出来。如果画家没3，很可能是个匠人，缺乏原创能力和创意灵气，表达受阻。

一个无3的人表达上木讷耿直，或许很爱说，但经常会因为词不达意而说错话，造成误解。不过，没有3的人为人真实爽直，爱说真话，做事能集中精力。

## 空缺4

4这个数字代表了执行力与务实的态度，对生存的基本安全需求很强烈。

没有4的人，性情孤傲，表面看对金钱没有太多的欲望，有钱就花，没钱也不觉得恐慌，相信车到山前必有路，但内心又对生活要求极高，他们并非排斥金钱，只是放不下身段罢了。面对机会采取不主动的态度，比较退缩，变化无常，而且有些孤僻，缺少与社会接轨的勇气，生活无序。

这类人的优点是不斤斤计较，不贪小便宜，不会把金钱看得过重。没有4的人必须找到动力才能变得务实，而这动力来自家庭之爱。

## 空缺5

5是心智，在九宫图上5处于中心位置，欠缺5会断掉4条主线。

没有5比欠缺其他数字要严重得多，因为5是心智，在九宫图上5处于中心位置，欠缺5会断掉4条主线。

缺少5这个数字，没有自己的主见，常因外界的影响而有所波动。不知道自己要什么，尤其当面对选择的时候，别人的态度会动摇到其内心的真实需求。这与心能缺乏定力有关，无法主宰自己，有时还会出现匪夷所思的举动。

没有5的人最需要精神支柱，吸收力强，消化力弱。从优点来看，缺少数字5的人，能像海绵一样吸收各种能量，进步的空间也很大，是近朱则赤近墨则黑的典型。

## 空缺6

6在数字中的意义是同理心，爱也是一种能力。

欠缺6的人坦白直率，有话直说，不敏感于别人的态度，但会表现出自私的特点，一旦不高兴就会直接流露出来，尤其在语言上较主观，爱强加于人，如此一来难免会造成误会和冲突，让他人感觉不舒服，得罪人不自知。

没有6的人并非没有爱，只是不知道如何去表达爱，经常凡事只站在自己的角度，无法换位思考，尤其在感情关系上更是如此。6的欠缺会造成在爱的需求上有迟钝的特点，桃花运也较少。

没有6的人很真实，与人相处不虚伪，不刻意去做好人，不去讨好别人，是非常单纯的人。

## 空缺7

7是幸运数，这数字神奇到可以化险为夷，同时7也是深度思考力的代表数字。

没有7的人刚好相反，不要指望运气这两个字，完全要凭自己的努力和实干。没7的人的分析推理能力有局限，也就是思考不到重点上，很怕麻烦，思维简单，不愿意想过于深层的道理，也容易激动发怒，尤其是针对不值得生气的事。

没有7的人单纯好接近，并不复杂，正因为思考力不发达，不喜欢怀疑，反而行动力比较强，所以给人感觉亲和、好相处。

## 空缺8

数字8代表着对成就与价值的渴望，以及掌控周围的能力。

8是个权力欲和成就感非常强烈的数字，假如欠缺的话，会对权威不屑，假如做上司的话，会缺少威慑力，无法掌控局面。

没有8的人在感情方面太过放手，爱人难免会有外遇，就如风筝和线的道理，抓得太紧风筝会断线，抓得太松，风筝会随风飞出手心，没有8的人就是常常手太松。

没有8的人最突出优点就是随遇而安，不会被欲望和成就感压迫，尤其是对事业金钱方面缺少野心。但这并非意味着没有8的人事业就不能成功，无心插柳的事反而更多，而且为人也不俗。

## 空缺9

20世纪出生的人都是具备9能量的，唯有2000年后的儿童有无9的可能。

没有9会表现为对社会意义的事物冷漠，缺乏大爱之心和同情心，也对他人的需要无动于衷，并且想象力受到局限，在精神意识上处于自私状态。

但同时没有9也就减少了拯救的欲望，注意力会更多地放在自己身上。

# ——— 九宫图连线的秘密 ———

## 身、心、灵连线效应

近些年，身、心、灵这三个字经常出现在我们的视野里，全世界各个国家都有大批的年轻人参与到身心灵整合活动当中，为的是提升个人修为、灵性的进化，以此达到身心的健康。

身、心、灵，指的是身体、心理、心灵三个生命组成部分，是生命的整体，缺一不可。在生日九宫图上，可以非常明确地将数字划分为身、心、灵三部分：

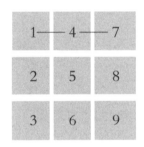

身：147

站在数字的角度看，1、4、7同为脑力活动比较丰富的数字。数字1擅长计划策划，发明创造，头脑出色；数字4擅长分析建构，心思缜密，精打细算；数字7擅长挖掘事物的真相，研究探索是强项。这三个数字同有靠头脑取胜的特点。

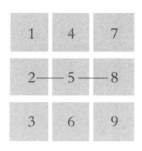

**心：258**

2、5、8同为心能量大的数字，也就是感觉感受力较强，靠情绪、感觉、视觉、听觉来获取信息。数字2的分析能力强，但不是靠逻辑，而是靠心的感应；数字5掌管心智，靠自身心的方向来决定行为，在九宫图上，5是中心点，也代表"心脏"；数字8的强项在掌控力上，这也是来自心的力量，很多8比较强的人即使不说话也可以控制住局面。

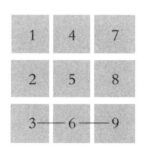

**灵：369**

3、6、9在灵感想象力这方面要强于其他的数字。数字3是聪明机灵的代表，但这个聪明不是靠头脑，而是来自灵气，创意能力强的人其创意往往不是从书本学来的，而是来自灵机一动的点子；数字6同样也带有奇特的灵气，体现在治疗方面是最明显的，感觉很强的6有判断未知的灵感；数字9无疑是最有想象力的一个数字，它与灵魂离得最近，所以9的精神意识都来自于"灵"。

## 九宫图连线详解

　　了解了9个数字的组合分工后，我们再来看九宫图，排列的次序也是按身、心、灵三部分。当你画出自己的生日图后，会看到数字之间的连接，只要有三个数字在一条线上，就是一个组合主线。一共是8条主线：123、456、789、147、258、369、159、357。另有四条副线是二个数字的组合：24、26、48、68。

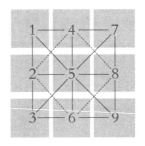

　　从这8条主线和4条副线可以分析出一个人多方位的能量流通情况以及问题所在，如人际关系状况、审美意识倾向、自我主宰能力等。连线的特点与性格无关，主要是用来分析一个人的行为方式以及与外界的互动。

　　完整的连线说明在某一方面具备优势，如有不连线，就说明在某一方面有障碍和欠缺，是需要关注和努力的部分。

　　制作一个生日图后，不妨看看自己有多少条连线，长处在哪里，短处在哪里，如何与他人协调关系，这是帮助我们认识自我的好工具。

　　明确一点，每一组连线都同时代表正负两种倾向，这是不变的法则。

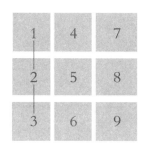

## 123连线：体能土线

**正面意义：艺术线**

当1、2、3有连线时，可以判断是比较偏"文艺"的人，对艺术信息相当敏感、敏锐，对美的事物有极强的感知力。这类人可算是"感官动物"，凭感觉做事，充满感受生命的乐趣。但这并不是说有123的人就要去从事艺术，这里也分为两种艺术能力，一种是欣赏型，一种是职业型。

大多从事艺术工作的人都具备123，而其中不具备123连线的也不少，这就要查看123中某个数字是否能量过大。比如迈克尔·杰克逊的生日图中没有3，但他的2非常多，他的超强音乐舞蹈的感觉超过了其他能力，而他的创作力不够，因此不属于创作型的音乐家。

在衡量123的时候，仅仅把它当作一种艺术欣赏力即可，不要盲目认为有123的人都是走艺术路线的，必须结合其他数字来衡量。如若缺乏369灵的部分，即使一个人有艺术天分也难有建树，灵感受阻，很难表达准确。

**负面意义：任性线**

123是情绪化的组合，1的自我、2的敏感、3的孩子气会造成负面的化学反应，就是任性。有123连线的人，容易激动，神经质，万事不求人，有种过于理想化的特征，而且看不惯的事比较多，容易自找挫折。这也就是为什么文艺型的人都有些古怪的原因。

和有123连线的人相处，要是能理解"任性"这部分天性因素，就不要苛求他们必须达到成熟稳重。

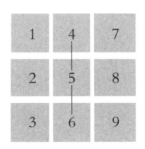

## 456连线：知能主线

### 正面意义：组织线

有456连线的人做事明朗，条理分明，该干脆的时候干脆，该谨慎的时候谨慎，拿捏得当，在组织能力上很有一套。尤其是在处世为人上，给人印象踏实可靠，有担当和勇气。

数字4具有实干的执行力和井然有序的做事方式，数字5善于掌握动力和方向感，数字6热心服务，乐于与人群互动，并有同理心。这三个数字的优势综合在一起，会让有456连线的人善于解决问题。

### 负面意义：完美主义线

完美主义不是优点，是苛求的委婉说法，也代表很难达到自己和别人的要求。456连线的人一旦完美主义起来，就会表现为挑剔，过于严谨，太过纠缠细节而忽略大局。加上做事太重视规则和秩序，反而会有责任心过重、缺少乐趣的状况。

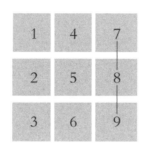

## 789连线：心灵主线

### 正面意义：权力线

有789连线的人具备一定的灵性，包括数字7的出色头脑、数字8的掌控力以及数字9的服务大众的意识，所以，拥有789连线的人有成就事业的基本能量，靠的不是苦干而是施展个人魅力。比如同样两个推销员去推销一件东西，有789的人能毫不费力就获得客户的认可，这也是一种人格魅力。

权力线也并不是代表有789连线的人都要去做领导，这个"权力"是指掌控周围的一种力量，甚至可以带动他人。

### 负面意义：贵人线

按说有贵人相助应该算是优势才对，为什么要划分到负面意义里呢？

有789连线的人经常能遇到贵人，这些贵人来自亲朋好友，甚至连素不相识的路人甲也会为其提供偶然的机会。有789连线的人大概都有这样的感觉：山穷水尽时，总会在关键时刻出现雪中送炭的帮助。只是，这样的好事遇多了，就会造成一种惰性，懒散到不慌不忙，干等有人来相助。所以这条线也有个大问题，就是有干等天上掉馅饼的投机心理。

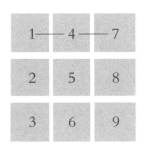

## 147连线：物质主线

**正面意义：务实线**

有147连线的人天生懂得生存为根本，很难眼高手低做白日梦，即使爱做梦也是在填饱肚子的情况下，不然自己也不踏实。这是看重实际的人，不论有什么样的理想都不会忘记物质是一切的基础，所以懂得如何赚钱。一个有147的女子说："我很小就经济独立了，只有自己有钱才能不受父母的约束，连生存都搞不好，怎么谈自我呢？"

147的务实能力来自很清楚赚钱为了什么，因此也很容易赚到钱，这条线完整的话，可以说也具备了获得财富的基本能力。

**负面意义：贪财线**

这是很难避免的问题，147连线的人一旦对物质追求过头就会成为守财奴，毕竟钱是赚不够的。银行存款的数目越多，目标也就越高，这样一来总会觉得钱还不够多，安全感也就随之降低。尤其是147中的数字4圈圈过多的人，要注意爱钱如命的问题，把钱看得过重就会成为一种负累，而且在金钱上也难免小气。

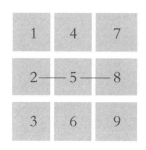

## 258连线：情绪主线

**正面意义：感情线**

有258连线的人很懂得情感表达，不仅仅体现在男女感情方面，也包括文字和音乐等艺术表达方式。情感流露比较真实，外在与人沟通的能力很强。

我有过这样的生日统计：在作家当中，有258连线的人很容易引人注目，哪怕只写了一本书也能被关注，而缺少258连线的作家则默默无闻的很多，即使写过十几本也未必被人记得。这是为什么呢？

2是感受力强的数字，在感觉上很敏锐，数字5具备叙述有趣味的特点，加上数字8的目的性和掌控力，能抓住人心，自成一派。这三点结合在一起，体现出258的心能磁场力量。

258也代表健全的情感能力，在恋爱与婚姻上懂得要什么，不论选择正确与否，都心甘情愿。

**负面意义：多嘴线**

真实是258连线的优点，但任何负面能量都来自过满则溢。假如真实过头也会说话伤人，不该说的话脱口而出，肆意表达自己的喜恶，这都会不小心给他人造成负担与伤害。

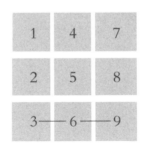

## 369连线：创意主线

**正面意义：智慧线**

前面提到过，369是代表灵性的组合，而走向智慧的途径就是靠灵性。一个没有灵性的人，即使刻苦学习、奋发图强，觉知也很难达到智慧这一层。所以，智慧线的意义不仅仅是聪明机智那么简单，而是带有精神思考层面的意味。就如有的人想改变自己的观念，但又缺乏悟性，不但无法找到切入口，还很容易理解有偏差。其实悟性的来源就是"灵"。

把3、6、9细分来说，6和9有类似之处，同样都是感知型的数字，6这个数字往往能凭感觉来判断人和事物，而且准确度很高，9对精神的需求是强烈的，并具备神性思维，在数字3的灵气与表达力的推动下，将369组合提升到智慧的阶段。

**负面意义：空想线**

词典上对智慧有如此解释：对事物和问题能迅速、灵活、正确地理解和解决的能力。没有人生来就拥有智慧，即使369连线具备智慧的因子，这也需要在人生经验中逐渐启发出来。

智慧的对立面就是空想，不切实际，想得多，做得少，成为思想的巨人、行动的矮子。

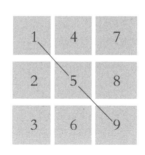

## 159连线：成效主线

**正面意义：事业线**

159这三个数字属阳性，同为奇数，所以组合在一起的能量很强大，重点针对的是做事的状态，而且必须是有兴趣的事。有此连线的人会把兴趣所在当作事业投入其中，有坚持到底的热情。有事业心的人未必是靠企图心推动，出人头地、赚钱养家，有159连线的人的出发点只有"我喜欢做"，哪怕这个事业不一定有什么经济效益，只要热爱上就会相当用心。用心做事业的人在激情投入下更具备创造力和持久力，往往会带来无心插柳的结果。

**负面意义：执著线**

还是那句话，什么事太过就会变成另一个反面。159过于用心的时候会有"除了我想做的，其他都不重要"这样的想法，会一门心思扎到事业里，不顾健康，不顾休息，也不顾家庭，很容易顾此失彼地成为工作偏执狂。

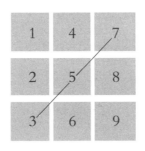

## 357连线：沟通主线

**正面意义：人缘线**

这是条讨人喜欢的连线，一个人人缘好，并不意味着八面玲珑，这也是很多人的一个误区：我不会来事，我不圆滑，我不爱交际，我长得不好看，所以我人缘不太好。这种观念是给自己找借口，其实，好的人缘与为人圆滑、爱社交、好的相貌毫无关系，人缘的好坏体现在个人魅力上。

有357连线的人善于展示自我，有表现欲，口齿伶俐，思维敏捷，具备幽默感，有自己的主见，加上幸运的因素，很难被人忽略。有此线的人非常适合站在舞台上面向大众，这舞台除了艺术表演，还包括政治舞台、销售舞台乃至网络舞台。357具备公众人物的特征。

**负面意义：小人线**

357连线的人一般是很有吸引力的一类人，能轻而易举地获得各种好机会。但假如被赞美和宠爱冲昏头脑的话，就会以"名气"当手段来索取别人的爱戴，沉浸在自我膨胀当中。爱耍大牌的人都是从君子沦落为小人的，所以，有357连线的人一定要清楚天有多高地有多厚。

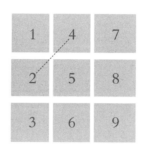

24连线：灵巧线

**正面意义：灵巧线**

生日图中同时出现2和4，这就是聪明人，敏感又精明，很难吃亏上当。这两个数字的组合很矛盾，2是好吸收新鲜能量，4是坚守自己的小算盘，这种矛盾往往会给人带来财运。如炒股票的人若有这个连线，就会四处打探股市信息，能快速吸收别人的经验，又不至于头脑过热全盘付出，这样一来反而容易赚到钱。

**负面意义：奸诈线**

骗子都是有高智商的人，而且做事精明，相当谨慎。当私欲造成24连线的负面能量时，反而是一条极险恶的连线，很容易让人在犯罪的边缘徘徊。

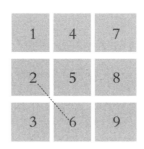

## 26连线：和平线

**正面意义：和平线**

有此连线的人非常在乎别人的感受，数字6的同理心旺盛，数字2敏感于别人的态度，这两点组合在一起就会表现出很强的亲和力。爱助人为乐，不喜欢麻烦别人，在人情世故上很在意友好和平，非常怕与人冲突。典型的例子就是，有26连线的人只要借了别人的东西，都会时刻牵挂着立即还上。

**负面意义：不平衡线**

待人贴心是26连线的优点，但也经常"和平"过头，表现为唯唯诺诺，不好意思拒绝别人，总怕得罪人，而为别人着想过多也是负担，对别人太好，对方稍微没表示回报就难过不平衡。这是个大善人和大累人的组合。

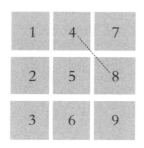

## 48连线：稳定线

**正面意义：勤劳线**

有48连线的人非常努力勤奋，4和8同样都具备执行力强和稳固的特点，而且也同样对金钱有务实的心理。有此连线会表现为做事积极，在求稳定中善于开拓。

**负面意义：焦虑线**

48连线的人非常实际，在乎成功，更在乎收获金钱。有句老话叫"吃得苦中苦，方为人上人"，这已经是老观念了，假如不改变的话，就会成为劳碌命。这样的人一旦轻闲就会感觉焦虑，很多不安全感随时会冒出来，从而给自己过大的压力。48连线的人目的性过强，太在乎世俗价值标准的话，也有可能用不诚实的手段达到致富的目的。

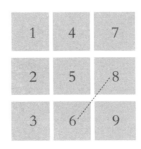

**68连线：诚恳线**

**正面意义：诚实线**

有68连线的人给人印象极亲切和蔼，非常在乎别人对自己的评价，会对别人好到掏心掏肺的地步，是表现诚实的人。

**负面意义：虚伪线**

68连线的人看重做别人眼里的好人，有压抑自己真实感受的倾向，常讨好别人，爱用"我这人很实在"这样的话来掩饰内心的不满情绪。这样一来不但不诚实，反倒成了伪善，所以68连线的人压抑越多，越有可能某一天突然情绪爆发。

## —— 应用分析："世纪女王"麦当娜 ——

麦当娜生于1958年08月16日，现年52岁，狮子座。

命数：11/2
天赋数：38
第一阶段数：生月8（0~25岁）
第二阶段数：生日7（26岁~52岁）
第三阶段数：生年5（53岁后）

从这组基本数字来看，麦当娜从小就对成功有着强烈的欲望，不甘于平庸，有出人头地的雄心，名与利是她追求的目标。家道贫寒的她有着不服输的个性，她身揣35美元独闯纽约娱乐圈，期间追求梦想的过程十分曲折，缴不出房租、靠当廉价模特儿糊口。这部分经历完全体现了第一阶段数8的特征，为了目标能屈能伸，绝不懒惰逃避。

在上世纪80年代，麦当娜的歌几乎主宰了整个世界主流音乐市场。尽管她有着另类的个性与思考方式，但因为数字8有流俗的特点，她在成名初期走的是轰轰烈烈的商业路线，而不仅仅是一个叛逆朋克妞。她很现实，也需要金钱的力量。（命数11的第一阶段是25岁前，麦当娜生月8。）

事业高峰期过后，90年代中期，她一改往日性感舞者的形象，重塑自我，风格变为民谣与抒情慢歌，更侧重音乐内在表达，并参与了一系列电影的拍摄，多次获得电影大奖。这个阶段她已经人到中年，产出数字7调动了她的思考力和内在智慧，当时媒体对她的评价是："这时的麦当娜已经证明了自己并不只是一个娱乐明星，也是一个有思想、有内涵的严肃女演员。"（命数11的第二阶段在26~52岁，麦当娜生日16/7。）

再进一步画出她的生日九宫图。

需要画圈的信息如下：

出生年月日：1958年8月16日

生日数：7

天赋数：38（1+9+5+8+8+1+6=38）

命数：11和2（3+8=11=1+1=2），除了命数11，还要圈上2。

星座数：5（狮子座代码5）

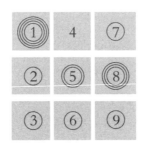

通过圈画生日图，我们看到麦当娜有4个1，3个8，2个5，单圈数字是2、3、6、7、9，空缺数是4。

麦当娜的大能量都体现在1和8上，而这两个数刚好同样具备领导力和霸气。她的个性独立，自成一派，不屑模仿跟风，她的形象总是千变万化，放浪不羁。如今麦当娜被称为"麦姐"，这个姐不是年长的意思，而是大姐大。

她确实具备歌坛老大的资格。在麦当娜身上，1的开创精神和主宰自我的意识非常强，甚至强到唯我独尊，而数字8的能量令她对名利的欲望一直都保持不变。为了达到成功，为了鹤立鸡群，她同时也具备1和8的好出位的特点，年轻时代的麦姐以作风大胆著称，敢于施展性感，也敢于颠覆，无论是在舞台上还是生活里都不惊人势不休。对于一个8能量过大的人来说，这也是成名的捷径。

不要忽略她生日图中的两个5，她是极有主见的人，从小就非常清楚自己的需求，懂得把握方向感。命数11虽然有心比天高的特征，但好在麦姐有两个5，这让她非常清楚如何达到天高的标准。5是整个生日图的中心思想，是心力的来源，结合能量最大数1和8衡量的话，麦当娜是个非常坚定做自己的人。

但从负面上看，麦姐的脾气很躁，缺乏耐心，尤其是自大的问题非常严重，所以她的人际关系往往会失人和。她有自大强硬的特点，常挑战别人的神经，甚至挑衅，带给别人的压迫感也不轻。

年过半百的麦当娜依然常会出现颠覆传统的举动，对自我意识为中心的人来说，这不足为奇。与其说她是女权主义者，不如说她压根就是个内在的男人。她充满阳性的力量，和她结婚的人长期相处之后都会痛感性别角色的颠倒。麦当娜有过两次婚姻、无数次花边感情经历，她也曾是双性恋者。她2008年与导演盖·里奇结束8年的婚姻，2009年即传出新闻，52岁的她准备与22岁的巴西男模约瑟·鲁兹结婚。（命数11的第三阶段在53岁后，麦当娜年份数5。）

从命数11（2）和生日7看，此人的精神意识很高，她并非胸大无脑之辈，爱思考人生，并且有过人的智慧。她的生日图唯独缺少数字4。

再来看连线的情况，麦当娜的生日图一共有八条完整的连线，123、369、159、789、258、357、26、68，不完整的线是147、456、24、48，只空缺数字4，这已经算是优势比较全面的人了。从欠缺的数字4也能看出一点"秘密"，她虽然有名利欲望，但并不是个以赚钱为动力的人，也就是说她要的是成就感，而成就感对一个有3个8的人来说就是名和利。这很有意思，麦当娜既不精明也不勤奋，而且还有些清高不合群，她完全是凭本事打天下。当然，她在某一方面也是个有世俗气的女人。

从麦当娜的一些自述中也可以了解她的数字特征：

"直到我像上帝一样有名，我才会感到高兴。我性格暴躁，又野心勃勃。我非常清楚自己想要什么。如果这样会使我成为一个坏女人的话，随便！"

"我逼迫自己无论做什么事都要独立自主，这是非常有益的。它可以让我真实地接触到事实。我从来都不能过一种被保护的生活——这会使我

发疯。"

"我可以是一个坏女人。但在内心深处，我确实是一个好女孩。我是完美主义者。我还面临很多的压力。有时候，如果你想做成一件事，就必须做个坏女人。"

"我野心勃勃，但如果我光有野心没有智慧的话，那就是一个粗俗讨厌的人。我并不因为获得成功而惊讶，我觉得这是很自然的。"

"有时我很傲慢无礼，但我从不是故意的。我确实很目中无人，但这也不是什么新鲜事了。在我尚未成名之前，我就在摆明星架子了。如果人们看不出我的幽默，就会感觉我很傲慢。但如果我发现人们的一些软弱之处，而他们也肯承认的话，我就会让自己讨人喜欢。有些人试图掩藏一切，试图让你觉得他们很酷。我真是忍受不了。"

"我认为如果一个人获得了巨大的成功，公众就会开始讨厌她，希望这个明星摔倒在一块香蕉皮上。这是最基本的人性。"

第五章

# 限制数

## 童年习气落下的病根

　　占数学非常奇妙，仅靠出生年月日加加减减便可解读一个人的生命线索。生日数、命数、天赋数、九宫图，综合起来看的话，就可以比较完整地勾画出一个人的生命蓝图。但每个人都不是平面体，无法用简单的几个数字概括全面，即使性情再简单的人，也有其多方位的复杂性。

　　有些深藏不露的特征时刻潜伏在我们的行为当中，成为特有的人格面具，随时会跳出来扰乱你的心理和行为——这就是限制数。

　　前苏联有个行为派心理学家叫巴普洛夫，他做过一个著名的实验，就是"狗流口水"。

　　一只狗有条件反射，见到好吃的东西就流口水，即使它吃饱了，只要把肉骨头放在它面前，这狗就止不住吧唧嘴。在这个实验中，巴普洛夫在给狗食物的时候加入了铃铛声，每次喂食的同时会摇几下铃铛。过了一段时间后，这只狗只要听到铃声，就控制不住流口水。这铃声就成了它长期养成的一个习气，也是一个条件反射，对狗来说，铃声＝食物，这"毛病"要是长此以往就成了病根儿。

　　从小到大，我们在父母影响和调教下也会养成一些自相矛盾的"毛病"。这些"毛病"并非来自性格因素，而是与外界与家长相处时形成的一种价值观和行为模式，并且在成年后会下意识地将儿时建立的习气当作真理，这与巴普洛夫实验中的狗与铃铛的关系是一样的。印度哲学家奥修说："父母的制约是世上最主要的权威。"当你把认定的"真理"融入到生活里去的时候，就会给自己造成一定的约束，与你真实的需要切断联系，这些约束也会成为你做人的面具。

第五章
限制数：童年习气落下的病根


我们每个人都有一个"铃铛"，只是你一直都没有察觉，如果不了解限制数的意义的话，也许你还会与自己对不上号，毕竟人人都不愿意面对那个"面具"。唯一解决的办法就是学会内观，学会察觉自己的真实需要，习气也是可以解除的，无非是多用点时间和经历去还原自己。

限制数是出生月和日相加的总和，如11月22日生，限制数就是6。

## 计算方式

以11月22日为例——

第一步：先将月单独相加1+1=2

第二步：再将日单独相加2+2=4

第三步：把月数和日数相加2+4=6

再以3月5日为例——

单数的生日都比较简单，可直接相加：3+5=8，数字8就是其限制数。

# ━━ 限制数1 ━━

## 儿时受到的制约

从小父母对你要求严格，夸奖鼓励较少，指责多，这种态度大多来自阳性的力量，也就是从父亲那里获得。（也有另一种情况，父母的性别角色颠倒位置，母亲在家比较强势，而父亲柔弱，这也会造成母亲的力量是阳性。）

你的强势家长常用说教的口气教育你，比如你做了一件事，本以为能得到表扬，但你父亲会严肃地告诉你："你怎么能这样做呢？不行，这是不对的，我告诉你应该如何去做！"如此的教育方式长时间对你造成影响，让你形成了自卑感，你总觉得自己做什么都不行。

## 成长后的表现

你的自尊心特别强，无论做什么事都要争强，死要面子，而这个面子刚好导致了一种紧张。你努力向他人证明"我是正确的"，可任何事一旦有了"我要证明"这层意思，给人的心理压力就会非常大。

你无法信任自己，注意力不在自己的身上，过分关注别人的期待，这让你焦虑不安。

## 解除"铃铛"法

接纳自己的一切，尤其要学会接纳你认为不好的那部分。自信的人用不着证明给别人看，哪怕你是个残缺的人，只要接受残缺就会变得自信。

# —— 限制数2（或11）——

## 儿时受到的制约

你的母亲对你的影响很大，这里有多方面的情况，如单亲家庭，从小与母亲相依为命，或者母亲过于疼爱你，父亲在教育上插手较少。无论是哪种情况，都与阴性的力量过大分不开。

母爱是伟大的，只是爱也会演变成控制，你在这种关爱下会逐渐失去自己的判断，产生一种依赖。

## 成长后的表现

你习惯依赖别人，不知道自己到底怎么样，只能从别人对你的态度与评价中寻找自我。"此人说我人不错，恩，那我很好，可为什么彼人要说我坏话呢？是不是我不好？"你特别敏感于别人对你的态度，怕与人发生不愉快，而且很担心听到坏评价。

你想成为别人眼里的好人，但又生怕别人发现你的弱点，于是用表现强大来掩饰内心的脆弱。你身上随时带着盾牌，有时会显得暴躁顽固、刀枪不入，一派滚刀肉作风。

## 解除"铃铛"法

你需要勇气来面对自己内心的"弱"，弱并不可怕，可怕的是抵抗弱的部分，这样反而更脆弱。

## 限制数3

### 儿时受到的制约

小时候你父母觉得你聪明伶俐，以你为荣，经常会把你带到亲朋好友面前展示，所以你很小就知道怎么做才能讨大人的欢心。不知不觉中，你很懂得"演戏"，擅长"表演"给大人看，很清楚怎么扮可爱才能得到关注多一些。

限制数3的孩子有点叫人心酸，也说明父母给予的爱有些匮乏。

### 成长后的表现

成年后你是社交高手，表演会由习惯变成特长，懂得随机应变，善于察言观色，对别人的心思和状态都能揣摩出来。而且能见人说人话、见鬼说鬼话，对于怎么取悦别人、什么时候高调一点、什么时候低调一点都非常清楚。

你在外面是好人缘，看起来也大大咧咧，但真与假只有自己清楚。你对外面的人很慷慨大方，也喜欢和朋友交流谈心，可在家里却是个闷葫芦，不愿意与家人沟通，因为你很不开心。"演员"谢幕后是最寂寞的，这一点也会影响到你的婚姻生活。

### 解除"铃铛"法

想清楚自己想怎么样，而不是别人想让你怎么样，你想笑就笑，不想笑就完全可以告诉别人"我今天不开心"。最好把注意力放在自己身上。

# ～～ 限制数4 ～～

## 儿时受到的制约

你的父母都是观念保守的人，他们从小就灌输给你"安全之道"，这安全包括稳定的收入、稳定的工作以及稳定的婚姻，包括保持身体健康等等。任何不安全因素对你的父母来说都是危险的，所以，他们限制了你的个性发展，即使你是爱自由、怕束缚的人，也会在这样的教育下成为乖孩子。

## 成长后的表现

没钱的时候你比谁都不安全，有钱的时候怕花光了，还是不安全，身体不好不安全，没人搭理你也不安全，失恋了更不安全。你的父母还会在你成年后限制你，继续灌输安全意识，操控你的婚姻选择，这让你一直都安全不起来。

你不愿意面对一些问题，总是用逃避的方式解决，而你真正被限制住的就是勇气。

## 解除"铃铛"法

把注意力放在自己的身体需要上，假如你突然想吃鱼，一定是身体在需要，或者你某天夜里非常想尝尝榴莲的味道，这也是你的需要。经常满足自己的需要，你会感觉轻松很多，就不那么紧张了。

# ❧ 限制数5 ❧

## 儿时受到的制约

你本来是很活跃的孩子，调皮捣蛋，因好奇心强而表现得精力过于旺盛，也爱引起别人的注意。这本是一个聪明孩子的特征，可你父母会觉得这样"不好"。他们希望你做个老实孩子，只要你有淘气的行为，他们就会向你灌输"你要听话""你要乖"这些信息，时间长了就形成了对你的克制。

## 成长后的表现

你只能让自己成为有素质的好孩子，稳重、安静、省心，实际上你非常需要自由，也渴望有那么点儿叛逆精神。但是你做不到，你习惯了克制自己的能量，压抑而收敛。你会把这种自我约束投射到处世上，很怕承担责任，爱逃避问题，更缺乏自信。

## 解除"铃铛"法

好好想想你最怕什么？对什么感觉很恐惧？为什么不把你怕的事或者你认为不好的事当作一次冒险呢？这是很刺激好玩的事。放开自己，做个不乖的孩子又如何？

# ～ 限制数6 ～

## 儿时受到的制约

与父母之间的感情关系有关。限制6的童年有可能在不和睦的家庭中长大，从小非常敏感于父母的态度，很怕自己做错事。你的道德感非常明确，把事情按对与错来划分，一旦认为做了"不对"的事就会很难过，尤其担心父母会不高兴。这种状况让你有种随时要道歉自责的感觉。

你的父母会有这样的教育方式："你把地扫了，我给你买糖吃。"等长大了，你的标准就是"不扫地就不应该吃糖"。

## 成长后的表现

你需要被人爱的感觉，对外却有内在父母情结，你会站在家长的角度审判别人的毛病，动不动就拿道德标准来衡量一番。不过你这只是先发制人罢了，因为你怕别人先说你不对。

还有就是习惯了以交换的方式获得爱：我对你好，你不能对我不好，否则我会很不平衡。

## 解除"铃铛"法

所有的人都是善恶一体，没有不犯错的人。你要告诉自己，你没必要对所有的人负责，人家也不需要你去负责。多体会自己内心的真实想法，对自己负责更重要。

## 限制数7

### 儿时受到的制约

你从小就很喜欢想问题，对很多事都好奇，脑子里有无数个"为什么"。你的父母要么没有耐心解答你的问题，要么是因为他们的知识层次太低而没有回答的能力。你不得不自己去琢磨，闷在家里胡思乱想。

### 成长后的表现

你什么都想知道，容不得自己无知。可你不知道的事太多了，又不愿意面对这个现实，你只能把自己封闭起来，按主观的想法去"思索"。这就像井底蛙的做派，明明不知道明天会发生什么，可你会编造一个"我知道"，然后沉浸在这个答案里故作通透，可那未必就是正确答案。

限制住你的就是不懂装懂、装神弄鬼，未必装给谁看，但至少能填补你对无知的恐惧感。

### 解除"铃铛"法

你没必要让自己什么都知道，应该把注意力放在实践上。头脑经常会成为智慧的绊脚石，你要经常对自己说：宇宙之大，我太渺小。

# —— 限制数8 ——

## 儿时受到的制约

你的父母都是比较要强的人，很在乎社会标准意义上的成功。他们潜移默化地灌输给你成功与失败的道理，不只针对学业或工作，可能在其他方面也有此观念，如拿邻居的孩子和你做比较。你很小就希望靠努力做一个不平凡的人。

## 成长后的表现

一切尽在掌握才踏实，你不想做失败的人，你需要成功，要掌握周遭的一切。你的控制欲非常强，在工作上爱插手上司的抉择，在生活里想随时掌控周围的动向，包括对亲密的人进行干涉。

即使你在成年后有高尚的人生观，有高层次的心灵追求，可习惯的思维模式还是会让你有世俗的举止。钱就是你的安全感。

## 解除"铃铛"法

没有失败就没有成功，把失败当作实验的乐趣岂不是更有成就感？不管是周围的一切还是你身边的人，那都是虚构的景象，你才是真实存在的个体。

# ❈— 限制数9 —❈

## 儿时受到的制约

小时候你有被老人带大的经历，也就是父母工作繁忙或生活较动荡，曾有很长一段时间不在你身边，你有寄人篱下的感觉。所以，你从小就不放松，很在乎别人对你的态度，与限制2不同，你在乎的不是别人怎么看你，而是是否需要你。

## 成长后的表现

被需要成为你成年后的价值所在，一旦被人需要了，你就会义不容辞地尽心服务他人，不想冷落任何人。可矛盾的是，一旦别人的求助带给你负担，压力又会激发出你的不平衡和抱怨，甚至会出现排斥与冷漠的态度。

做大善人是要付出代价的，而且要彻底置自己于不顾。不能把你自己想要的放在第一位，你做得到吗？做不到的话就不是大善人。要清楚一点，满足"被需要"只是你的"需要"而已，与善良没任何关系。

## 解除"铃铛"法

时刻想着先"我"后"他"，你自己的感受要放在第一位，你不喜欢做就不做，你想拒绝谁就拒绝谁。你会发现，当你说"我不愿意"的时候，一切都跟以前一样。

第六章

# 细说数字流年

　　"流年"这个词经常会出现在中西方各种命理运算上，流年也就是运程。我们中国的八字理论中最讲究推大运，而西方的占星也同样有靠行星的变化来推断流年的说法。占数学也同样有流年计算法，以9年一个循环为起点，这是生命周期的循环规律。

　　与八字流年和占星流年不同，数字的流年总结是固定不变的法则，在宇宙磁场的物转星移中体现出生命周期的波动。1~9是一个周而复始的规律，是生命之树从播种到结果的演变过程，而数字流年就是在这种规律下产生的共振。了解数字流年，可以做到有先见之明，可以帮我们抓住机会顺势而为，对人生有很明确的指导提示作用。

　　数字流年很令人惊奇，你每次的新起点都会出现在流年1那一年，而你每次结束一个小的阶段都会出现在流年9那一年，一切都在数字的掌握之中。

### 流年的计算方式

　　流年数=当年数字+你的生月+你的生日（相加到个位数）

　　举例说明：小王的生日为1976年7月11日

　　计算2010年他的流年数字，就是把2010加上7月11日，一定要记得拆开相加简化到个位，公式如下：

　　2+0+1+0+7+1+1=12=1+2=3

　　那么，小王2010年的流年数就是3。

## ━◆━ 流年1：播种期 ━◆━

播种即代表一切重新开始，为日后的收获做第一手准备，充满从头再来的信心，这是一个新起点。

**正面**

去年想好的计划今年有可能要出现机会并行动起来，你将有机会挑战新领域。信心对你来说非常重要，这是能量最强的一年，也是改变以前模式的大好机会。

这一年的勇气比往年要充足，假如能牢牢抓住机会，今后的9年里，你的人生将进入新的状态中。周围变动的事比较多，如涨工资、升职、搬家、换工作等，这些事情其中的某一项会轮到你头上。

正在寻找爱情的人，这一年有可能会出现目标。

**负面**

这一年最该注意的就是急躁冲动，播种期最怕的就是急于求成。假如一意孤行的话，就有可能在今后的几年里出现问题。对于性格不果断的人来说，一成不变只能让你一边抱怨一边按兵不动，也就没什么起点可说了。

**健康方面**

注意不要透支体力，雄心再大，健康也不能忽略。心脏、肺、眼睛、血液等部位在这一年都会很脆弱。

# 流年2：蛰伏期

播种之后需要等待一段时间才会发芽，所以这一年的任务就是蛰伏，为种子浇灌，静观其变。

## 正面

不变应万变，改变都是悄悄进行的，表面看没什么大动静，这也是在为下一年的忙碌做准备。

你很可能不太喜动，这是让自己多点时间思考分析的最佳状态。这一年的任务就是培养耐性，改进自己的一些旧观念，等待时机。但并不是什么都不做，有很多事都在动着，比如合作机会多了，新的人际往来多了。

这一年最适合结婚、与人合伙、协助别人或被协助，把精力用到生活、家庭里最好。

## 负面

容易胆小怕事，上当受骗的事情会发生，会被迫接受不想做的事。不要过度看重什么，否则会因压力大而造成情绪受困。这一年就是以柔克刚年，千万不要硬碰硬。

## 健康方面

消化系统、糖尿病、肿瘤、痔疮、缺少维生素等小毛病都该注意。

# ═══ 流年3：萌芽期 ═══

这一年种子要破土而出，充满活力，十分忙碌操劳。

## 正面

这一年精力旺盛，点子多，是最有创意的一年。表达的机会多了起来，所以有可能今年很想找一个出口来表达自我，而且心境会变得简单乐观，社交也比往年频繁。

这是拓展事业的机会年，但要注意身体不要超负荷，不然会身体受损。种子在发芽期是最脆弱的，这时也是最容易自我怀疑的时候。要是想做点什么，最好听从你的直觉。

这年灵感灵气都很强，会有机会找上门，感情没起色的人也许会有奇缘出现。

## 负面

注意口舌是非，不利你的人偶尔出现，要先看自己的毛病，是不是自己说话太冲、耍小聪明而造成的？数字3是火，这一年少说话没任何坏处。

这一年开销很大，要留意收支平衡，不要让钱成为压力，要不然等流年4这一年可就当上热锅蚂蚁了。还要注意不要丢东西，马大哈当不得。

## 健康方面

皮肤病、纵欲、血压、脾气暴躁，这些都要小心。

## — 流年4：扎根期 —

发芽的种子已经深入到了泥土之中，扎根的感觉非常安全。

**正面**

这是9年循环里最重要的一年，成长中每到流年4都会在生活压力下萌发新的看法。想安定的愿望很强烈，对自己和家人的责任心在这年会调动出来。这是比较劳碌的一年，即使身不忙，心也很忙，一直在找机会，找自己适合的事。

没结婚的有结婚的想法和行动，家庭是这一年重点考虑的问题。

**负面**

每到4这一年会出现一些不安，如对金钱方面的担心、职业方面的选择、家庭方面存在的问题等等，这是在现实的压力下感觉迷茫的一年。最明显的不安全是经济恐慌，总怕没钱，总是担心以后的日子，这一年随时都会出现心理"危机"。

**健康方面**

焦虑，情绪紧张，这两点需要注意。

## ━━ 流年5：繁衍期 ━━

发芽的种子已经逐渐茁壮成长，前四年你一直在耕耘，而这一年你可以放松一下了。

### 正面

此时你迎来了转变的时机，这转变既有物质上的也有心态上的，但好在终于摆脱了前一年的不安全感，精神会放松很多，能做到放掉包袱、解脱自己。这一年可能有点儿懒惰，不太想做按部就班的事，最向往心中想要的生活。

假如一直以来都没有学会养活自己的话，这一年可以学着改变一下套路。贵人多，财运非常好，算是一个小的新开始。

### 负面

裁员、离职、分手、离婚这些因素会因人而出现，计划赶不上变化的一年。这一年桃花运比较多，自制力欠缺，尤其花钱大手大脚，另外吃东西要注意节制。

### 健康方面

各方面都要注意。

# —— 流年6：孕育期 ——

扎根在土里的幼苗需要肥沃的土地来滋养，这是一个奉献的阶段。

### 正面

这一年代表治疗。假如你自己问题很多，也很喜欢倾听别人的问题，那么听得越多越是好事，你会发现自己的心情已经被逐渐带动而有了出路。最该坦然面对付出与索取的关系，这是成长中针对个人私事的重要一年。

### 负面

这一年会遇到一些麻烦，感情和工作上不顺心的事情很多，没必要要求自己什么都做好，这样反而会加重身心负担。

假如恋爱婚姻等方面一直有问题没解决的话，这一年会有挫败感，必须面对，不要逃避，长期积压的委屈和不平衡都有可能在这一年的某阶段爆发。

要留意和家人的关系，尤其是父母和爱人孩子之间的关系，有可能会出现紧张的气氛。你周围的朋友也会出现扎堆抱怨的情况，好像人人都遇到了问题。最好能在6这一年多接触心灵治疗，看看书，多思考，尽量包容别人。

### 健康方面

免疫系统、呼吸系统、生殖系统都要留意。

# 流年7：重整期

临近收获期最需要做的是锄草、除虫、施肥，为了果实丰硕，这些功课必不可少。

## 正面

这一年你会发现自己很喜欢思考，是那种爱刨根问底的思考，对生命有很多很多的问题要问。

这是重整自己的机会年。重整是需要从心灵开始的，假如只求外在改变而内心不变，也坚持不了多久。7这一年没有物质能量，想在今年赚钱的要把注意力转移一下。你很有可能接触到哲学、玄学之类的东西，即使以前从没了解过，这一年也会很有兴趣。一直就在这些课题里转圈的人，这一年会有特殊的灵感，精神上会充实一些，是学习的好时机。

## 负面

不太想与人来往过多，很想一个人安静一会儿，会有些孤僻。如果平日一直把赚钱当追求的话，这一年有可能会很失望。在感情上苛求的人更是容易夸大问题，疑心重重，会更加忧郁，因为7的思考能量和封闭会让想不开的人钻入死胡同。

## 健康方面

失眠、神经衰弱。

## ━ 流年8：结果期 ━

终于迎来了收获的日子，在这一年你会释放所有的能量作为冲刺。

### 正面

数字8有收获的意义，但这也只限于前几年一直比较好的人。如果前7年的基础打得好，到这一年会明显感觉很多事情有了回报。这一年运气要好很多，个人能量比较大，想做什么只要有勇气就可以行动。有创业打算的人可以选择在这一年创业。

### 负面

8这一年容易贪心，刚愎自用、自私贪婪的问题会存在。尤其是前7年过得不好的人，这时反而会更急于要结果。所以一不留神就会面临负债、判断失误、失利等负面因素。

这一年不管好与坏，都要注意适可而止。这一年有因果轮回的因素，多做点好事会对自己的运气有些帮助。

### 健康方面

头疼、牙齿上火、便秘、骨骼病、血液病，都该小心为上。

# ───◆─ 流年9：休息期 ─◆───

8年的劳作换来了丰收，该休息一下了。

## 正面

也许这是最迷茫的一年，因为收获后留下一片空地。福气也是循环而来，运气坏到头的时候，一定会好转起来。了结你所有的郁闷和不安，该割舍的割舍，摒弃乏味的喜好，试着找找新的热情，对于不健全的感情要趁早放弃，别消耗彼此。有结束才有开始，过了这一关就是精神抖擞的一年了。

9年周期的最后一年会好坏参半，黑暗和光明一线之隔。同样是心灵提升阶段，但这一年与7不同，靠的不是理性思考，而是机缘，会出现一些缘分来令你关注内心。先舍后得是这一年必须具备的心态。

## 负面

有些事会逼你去重新审视自己的生活，会有糊涂的状态，容易被自己误导，在物质方面会有不明智举动，给自己造成一定的压力，明显感觉无力。方向感很差，在年底会感觉目标清晰很多，就当作黎明前的黑暗吧。总有些事要完结，比如该离婚的拖着不离，该辞职的一直没勇气放弃，还有失业的问题，都有可能出现。

不要在9这一年投资产业，买房或者创业等都很容易判断错误，不如等到流年1的时候再动。这一年对身体不好的人来说，好转的可能性较弱，严重的还会恶化甚至死亡。

9是大爱之年，不能因为自身有些瓶颈就有自私的行为，这样反而对下一年的开始更加不利。

## 健康方面

意外、抑郁、心理压力。

第七章

# 吸引数字能量法

方法一：水晶

方法二：交流

方法三：色彩

方法四：生命数字能量卡

　　只要你身边出现数字，一定与你有必然的联系，就像有很多人都遇到过这样的奇特经历：一个生日3的人随时会与数字3相遇，从小到大，数字3随处可见，班级、准考证号、门牌号、手机号，甚至结婚证编号，就连去饭馆吃饭都会无意中坐在3号桌。这就是数字能量的吸引力，像是有一种神奇的力量在左右你。

　　数字能量不流通会造成很多生活上的障碍，面对自己不擅长的事，首先要先接纳自己的欠缺，然后可以想办法增强这方面的能量。这既是成长的心理动力，也是吸引空缺能量的途径。

## 方法一：水晶

　　水晶（晶石）是大自然的恩赐，任何天然矿物都带有看不见的能量波长。它们之所以能对人产生一些治疗或启发美好愿望的作用，除了晶石本身具备扩大能量的功能之外，还有更重要的一点：冥想是人的心理动力之一，比如当你被告知紫水晶可以增加智慧和思考能力时，你会因此获得自信心的提升，这种意识驱动力不可小觑。

　　人类的身体中有7个主要的能量脉轮，"chakra"意为旋转的能量轮，将脊椎与中央神经系统连接，沿顺时针方向旋转，每一个脉轮都有一种特殊的震动频率，分别与彩虹的七色相对应。古老的印度哲学提到，当人清净了所有脉轮，从第一脉轮的红色到第七脉轮的紫色，便会获得彩虹般的身体，全身焕发亮丽的光彩。

天然晶石是通过色彩光的传达，增强人的心力与环境能量场。按七脉轮对应的数字，可延伸出晶石的分类：

## 数字1——海底轮

位置：脊椎骨尾端，位于生殖器官与肛门之间。

颜色：红色，第二颜色黑色

相关内分泌腺体：肾上腺

相关器官：脊椎骨、肾脏、背部、臀、腿，脚

对应晶石：茶晶、红碧玉、红石榴石、缟玛瑙、血石、紫黄晶、黑曜石、火玛瑙、软玉、赤铁矿、黑碧玺、陨石、红色珊瑚、黑发晶

## 数字2——本我轮

位置：位于荐骨部位。

颜色：橙色

相关内分泌腺体：性腺

相关器官：生殖器官、膀胱、肠

对应晶石：红兔毛、琥珀、红玉髓、霰石、橙色方解石、金色绿宝石、锆石、透明石膏、猫眼石、太阳石、橙色珊瑚、红幽灵，以及橘红色宝石

## 数字3——脐轮

位置：是第三个轮脉，即丹田，位于太阳（腹腔）神经丛部位。

颜色：黄色

相关内分泌腺体：胰脏

相关器官：胰脏、胃、肝、胆囊

对应晶石：黄水晶、金色托帕石、黄绿色碧玺、虎眼石、金发晶、橄榄石、祖母绿、琥珀、孔雀石、黄玉、钛晶

**数字4——心轮**

位置：是第四个轮脉，位于心脏部位。

颜色：绿色，第二颜色粉红色

相关内分泌腺体：胸腺

相关器官：心、肺、循环系统

对应晶石：粉晶、绿幽灵、绿发晶、绿东陵玉、孔雀石、祖母绿、绿色玉、紫锂辉石、捷克陨石、蔷薇辉石、西瓜碧玺、绿松石、绿碧柳等绿色宝石

**数字5——喉轮**

位置：是第五个轮脉，位于颈部。

颜色：蓝

相关内分泌腺体：甲状腺、副甲状腺

相关器官：口、喉咙、支气管

对应晶石：海蓝宝、蓝色托帕石、蓝发晶、蓝松石、方钠岩、锆石、蓝晶石、天河石、针纳钙石（拉利玛）、蓝宝石

**数字6——眉心轮（三眼轮）**

位置：位于前额，双眉之间，第三只眼所在的位置。

颜色：靛蓝色

相关内分泌腺体：脑下垂体、松果腺

相关器官：脑、耳、鼻、左眼、神经系统

对应晶石：蓝铜矿、紫水晶、天青石、蓝宝石、紫莹石、方钠岩、青金石、舒俱来石、紫玉髓

**数字7——顶轮**

位置：第七个轮脉，位于头顶正上方，是一个不属于肉体上的位置。

颜色：紫色、白色

相关内分泌腺体：松果体

相关器官：脊椎上部、脑干、右眼

对应晶石：白水晶、银发晶、白玉髓、紫水晶、紫黄晶、白色月光石、白色托帕石、砗磲、蛋白石

## 数字8——第八轮

位置：头顶上方(天使光圈)

颜色：金色（第2色紫红色）

相关内分泌腺体：无

相关器官：无

对应晶石：钻石、白水晶

## 数字9——第九轮

位置：灵

颜色：珍珠白色（第2色透明色）

相关内分泌腺体：无

相关器官：无

注：脉轮只有7个，第八轮和第九轮是人体之外的神性轮。

## —— 方法二：交流 ——

当你欠缺某个数字的时候，你可以在朋友当中选择具备此数能量的人，多与他交流谈心，你会从朋友身上学习到自己不擅长的那部分东西。

如果你欠缺6，而你生活里有朋友命数是6或生日是6或生命数字表中

出现6的频率比较多，他会带给你关于数字6的影响。

这是潜移默化的一种弥补方式，尤其是夫妻或恋人之间的数字能量互补最为明显，你会在不知不觉中拥有此数的力量。

## 方法三：色彩

用色彩弥补。

色彩与数字有对应关系，对色彩的喜好可以看到一个人的性格特征。因此，不仅有色彩心理学，还有色彩占卜学。

弥补数字能量也可以从色彩做起，如将衣着色彩、家居色彩等，换成你需要的数字颜色，你的生活肯定会有所改变。

数字1——红色：红色属于地火的颜色，代表的是身体的力量，可帮助你增加行动力。

数字2——橙色：橙色是红色与黄色的组合，且比红和黄更为和谐悦目。

数字3——黄色：黄色是红黄蓝原色之一，一旦属于原色就具备了"单纯"这个特点。

数字4——绿色：4其实就是代表土地，要求稳固、安全，是生命的根本色。

数字5——蓝色：蓝色是自由之色，是天空大海色，也代表人的左脑，就是理性、冷静、思考、语言。

数字6——靛蓝色：靛蓝色其实就是青色，蜡染、牛仔裤的颜色都是靛蓝色。

数字7——紫色：色彩心理学上，紫色代表的是精神和智慧。

数字8——金色：太阳的色彩，象征着权贵。

数字9——白色：白色是很多人迷恋的颜色，代表着纯洁与灵性。

# 方法四：生命数字能量卡

此卡随书赠送，一共有1~9九张卡，卡的色彩也是数字对应色，上有肯定语。如果需要哪个数字，可随身携带以吸引此数字的力量。

数字卡也可以与家人朋友分享。

# 附录

## 个人数字密码表

姓名: _____

生日: _____

命数: _____

生月数: _____ 型塑启蒙期年龄段: _____

生日数: _____ 产出壮年期年龄段: _____

生年数: _____ 丰收晚年期年龄段: _____

天赋数: _____

星座数: _____

限制数: _____

### 生日图

| 1 | 4 | 7 |
| 2 | 5 | 8 |
| 3 | 6 | 9 |

最大能量数: _____

空缺数: _____

# 如何看待占数学

看到这本书，也许你很好奇，也许你半信半疑，也许你想用来娱乐，不管你有什么样的心态，最好能找个悠闲的时间，安静地从头读到尾。你还需要准备纸和笔，甚至计算器，因为占数的计算方式并不简单，如果不是带着兴趣，很可能就没了耐心。

占数学的随意之处在于每个人的生日可以信手拈来，你最好先通过数字了解了自己之后再去"算计"别人，不要着急。我经常会遇到缺乏耐心的人，他们连自己的密码都没有了解清楚，就急着去给朋友同事讲解，这样很容易对别人造成误导。所以，先把最基本的数字关系理解透彻，再去传播也不迟。

初次接触占数，你可能最关心的是"准与不准"，你可以把它当作新奇的占卜术，也可以把它当作星座的另一个说法，或者你都可以带着审视的眼光去看待它。如何看待取决于你，任何事物都没有固定的标准。

从了解数字本质开始，你一旦探索进去，就会发现，数字并不是枯燥乏味的符号，它带你走进了一扇神奇的大门，从好奇心开始，逐渐会让你着迷，还有可能让你对人生有了新的看法。

我收集到一些普遍性的疑问，找几个重要的话题做个解答。

**1. 既然出生年月日都已经决定了性格和方向，那岂不是在说数字很宿命？我该不该信命呢？**

信命不等于宿命，差一个字，意思大不同。信命的另一个说法叫"天命论"，就是说信命的人对天人合一之说深信不疑，算是积极的宿命。古语说，"谋事在人，成事在天"，古语还说，"事不谋不成，多算则胜，少算则不胜，况于无算乎？"

既然生日可以看到人的多方面特点，一切皆有安排，既然万事由天定，该是你的一定是你的，不该得到的强求也没用。命运的走向取决于你的性格和观念等各方面因素，就如同积极、有勇气的人不行动就会觉得对不起自己，即使有人告诉他"不用那么勤劳，不过白忙一场"，他也照样会按自己的方式去奋斗。

宿命的人刚好相反，宿命是种悲观的态度，他们认为，反正什么都注定了，我还努力什么呢？既然我肯定离婚，那还结什么婚？既然我注定是穷光蛋，那还上什么班？既然我早晚要死，活着还有什么意思？

宿命的人有个坏毛病，就是特别爱窥视自己的命运走向，但又没有心理承受能力，听到好的一面就得意，听到坏的一面就如同挨了闷棍，这就叫庸人自扰。宿命的人最好不要打探自己的人生，除了不具备面对的勇气，最关键还有容易因此对自己期许过高，与现实脱节。

**2. 数字中大部分都透露了人性的缺点，我看过之后很沮丧，原来我是那么糟糕。**

有这样一个检验你缺点的测试，把令你讨厌的人的那些坏毛病依次写在纸上，然后大声朗读，看看你在读哪个词的时候声音会变小，甚至会不想去念。当你回避这个刺眼的词时，这就是你的缺点所在。

每个数字都同时具备正面与负面的能量，万物也如此，由两极组成，没有完美。但人都害怕自己的阴暗面，不敢接纳，会选择逃避，擅长粉饰自我。因此，我们的生活里普遍都是"好人"和"君子"，而暴露弱点的人很可能被称为"坏人"和"小人"。

后记
## 如何看待占数学

有这样一个现象，不少罪犯被绳之以法之后，警察去他们的家乡了解案情，街坊邻居都表示："这个人一直很老实，是非常好的人，怎么会干出这样的事？"可见，"好人"也是最压抑的人。

面对数字透露的负面缺点，敢于正视也是心理上的释放，不强迫自己面面俱到，反而做人更为真实可信。当你敢于对朋友说"我爱嫉妒别人，很不自信"的时候，你或许已经开始自信了。

**3. 我从小就想做演员，可从生日看我并不具备文艺天分，很纠结，放不下也拿不起来，该如何是好？**

首先要相信你喜欢任何事物都不是浪费时间，在这个过程中你体验过，这就是收获。从生日可以看到你的天赋，但数字透露的是广泛的意义，无法确认到细节，不要受数字的局限，跟着心走就可以了。

人生很难一成不变，任何经历都是必经之路，是为成就后面的路做铺垫。

**4. 既然生日有注定因素，命运可以改变吗？**

数字能暗示我们如何顺势发展，而不是逆势而为。很多人把注意力放到"改变命运"上，却不知道要改的是什么命运，如果对自己的理解有偏差，就会走上不属于自己的路，遇到阻碍就会认为命运不公，自然感觉步履艰难。如一个命数4的人本来注重安全和有序，可偏偏选择命数5自由放任的生活方式，这样一来必定会给自己制造坎坷。

命运会给我们设置一个又一个难题，你解决一个就"改变"一次，你越是怕解决，越是逃避难题，就越会积累到"无法改变"。

其实，所谓的改变并不存在，一个人如果有了变化，那就是还原了真实的自己，天性怎能改变？最无奈的人往往都是一边看不清楚自己，一边戴着面具逃避。数字的注定因素刚好就是在告诉你你是谁，真实的你又是什么样。

**5. 数字真的准吗？我不信！**

刚好我最近在看一本书，上面有句话值得摘录过来：只有你亲身经历、体

验过的事才算是你真正"知道"的事。不要相信，也不要不相信我所讲的任何东西，用你的亲身经历去确认。

数字之道也是统计学，最好的办法就是验证，这本书所写不过是给你一个启发，在启发后还需要你亲自去证实。不要急于否定，也不要言听计从。